10|18
12, avenue d'Italie — Paris XIIIe

Dans la série « Odyssées »

Robert BYRON, *De la Russie au Tibet*, n° 2358
Robyn DAVIDSON, *Tracks*, n° 2652
Amelia EDWARDS, *Une dame dans les Dolomites*, n° 2595
Elie FAURE, *Mon périple*, n° 2527
Théophile GAUTIER, *Constantinople*, n° 2225
Henry JAMES, *Esquisses parisiennes*, n° 2503
Ernst JÜNGER, *Chasses subtiles*, n° 2548
Doris LESSING, *Rire d'Afrique*, n° 2681
Barry LOPEZ, *Rêves arctiques*, n° 2359
Nikolaï MIKLOUKHO-MAKLAÏ, *Le Papou blanc*, n° 2650
Tom MILLER, *La Filière des panamas*, n° 2452
Dan O'BRIEN, *Rites d'automne*, n° 2360
V.S. PRITCHETT, *Espagne au cœur*, n° 2502
Tobias SCHNEEBAUM, *Au pays des hommes nus*, n° 2403
La Demeure des esprits, n° 2451
Victor SEGALEN, *Lettres de Chine*, n° 2361
Xinxin ZHANG, *Au long du grand canal*, n° 2632

UNE ANGLAISE EN ORIENT

PAR

VITA SACKVILLE-WEST

Traduit de l'anglais
par Marie-Claude PEUGEOT

10/18

« Odyssées »
dirigé par Marie-Christine Halpern

ANATOLIA ÉDITIONS

Titre original :
Passenger to Teheran

ISBN 2-264-02100-4

CARTES

E. PRUSSIA
Konigsberg
Bialystock
Flushing
Berlin
Gravejo
Warsaw
London
Dover
GERMANY
POLAND
R U
Paris
UKRA
FRANCE
Verona
Brescia
Trieste
BLACK
Marseilles
ITALY
T U
Crete
Beyrout
Port Sa
Cairo
Amari Oasis
Karnak
Luxor
E G Y P T
River Nile
Distances approximatives en miles
Londres à Trieste 1000
Trieste à Bombay 4325
Bombay à Basrah 1750
Baku à Moscou 1500
Moscou à Berlin 1175
Berlin à Flushing 475

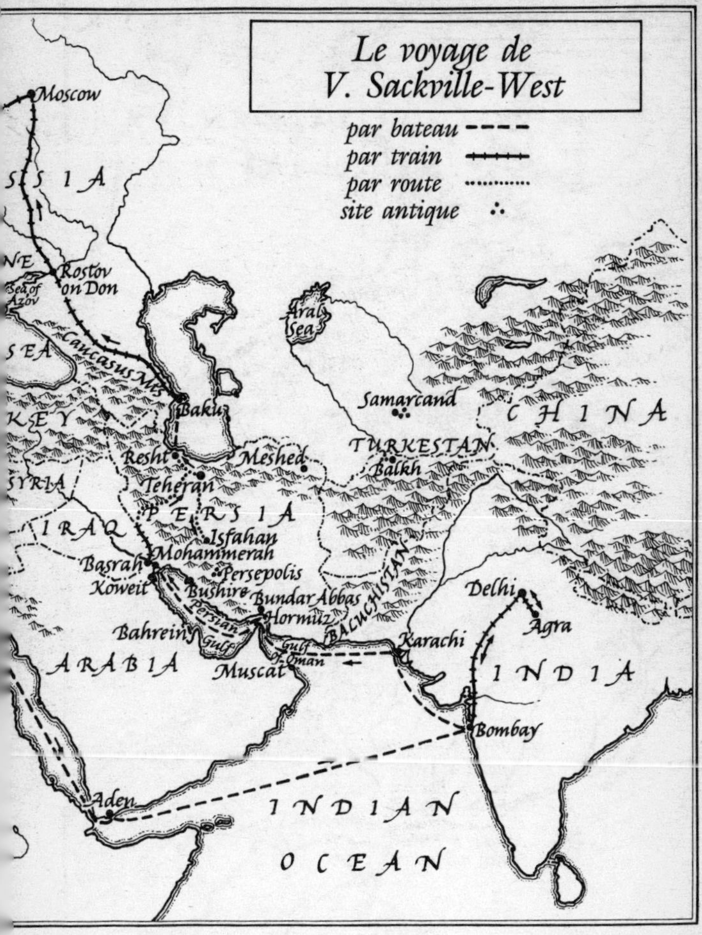

Le voyage de
V. Sackville-West
par bateau
par train
par route
site antique
Moscow
Rostov on Don
Sea of Azov
Caucasus Mts
Baku
Aral Sea
Samarcand
CHINA
TURKESTAN
Balkh
Resht
Meshed
Teheran
PERSIA
Isfahan
IRAQ
SYRIA
Basrah
Mohammerah
Persepolis
Koweit
Bushire
Bundar Abbas
Hormuz
BALUCHISTAN
Persian Gulf
Bahrein
Gulf of Oman
Muscat
Karachi
Delhi
Agra
INDIA
ARABIA
Bombay
Aden
INDIAN OCEAN

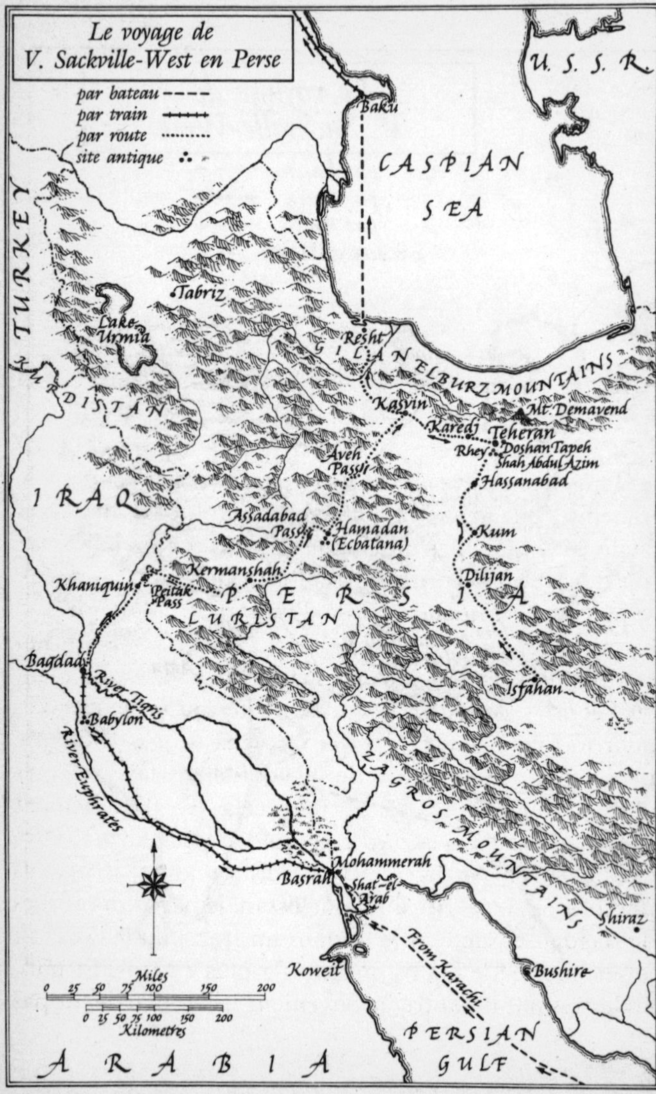

Le voyage de
V. Sackville-West en Perse
par bateau
par train
par route
site antique
U. S. S. R.
Baku
CASPIAN
SEA
TURKEY
Tabriz
Lake Urmia
Resht
GILAN
ELBURZ MOUNTAINS
KURDISTAN
Kasvin
Mt. Demavend
Karedj
Teheran
Rhey
Doshan Tapeh
Shah Abdul Azim
Hassanabad
Aveh Pass
IRAQ
Assadabad Pass
Hamadan (Ecbatana)
Kum
Kermanshah
Dilijan
Khaniquin
Peitak Pass
PERSIA
LURISTAN
Bagdad
Isfahan
River Tigris
Babylon
River Euphrates
ZAGROS MOUNTAINS
Mohammerah
Basrah
Shat-el-Arab
Shiraz
From Karachi
Koweit
Bushire
Miles
0 25 50 75 100 150 200
0 25 50 75 100 150 200
Kilometres
PERSIAN
GULF
ARABIA

PRÉAMBULE

Le plaisir du voyage est le plus personnel qui soit. Il n'est de pire importun que celui qui vous conte ses voyages. On n'a aucune envie d'apprendre ce qu'il a vu à Hong-Kong. Et – pour faire preuve d'un peu plus de franchise que n'en sont capables la plupart des êtres civilisés – on n'a pas plus envie de l'apprendre par lettre que de vive voix. Cela tient peut-être au fait qu'une lettre a, par essence, quelque chose d'imparfait. D'une part, il lui manque l'immédiateté. Si j'écris chez moi aujourd'hui en disant (ce qui est effectivement le cas) : « Au moment où j'écris, je longe en bateau la côte du Baluchistan », pour moi, qui n'ai qu'à lever les yeux de ma feuille de papier pour me repaître de la vue de ces falaises roses dans la lumière matinale, tout cela est parfaitement vivant ; mais pour la personne qui va recevoir ma lettre et l'ouvrir en Angleterre d'ici trois semaines, je ne suis plus le long de la côte du Baluchistan, je parcours les rues de Bagdad en taxi ou je lis dans un train, ou je dors, ou je suis morte ; le temps présent n'a plus de sens. Et puis, les lettres ont un autre inconvénient : elles n'arrivent pas assez souvent. Une lettre qu'on a attendue passionnément devrait être aussitôt suivie d'une autre, pour compenser l'impression de fadeur qui nous envahit quand succède au délicieux supplice de l'attente le flot plus tiède du désir satisfait. Quand on peut faire porter des billets, comme le font des amants qui habitent la même ville, il est facile de pourvoir à ce raffinement dans la correspondance, mais quand il faut avoir recours au mécanisme complexe et généralement peu sûr de postes étrangères (tous ces sacs entassés dans la cale du bateau !), c'est impossible. Pendant des semaines, on attend ; chaque jour commence dans l'espoir (sauf le dimanche, qui est un jour à rayer du calendrier), pour peut-être s'achever dans la déception, mais le lendemain sera bientôt là, et qui sait si le courrier du lendemain n'apportera pas la lettre attendue ? Enfin elle arrive ; on l'ouvre ; on la dévore – et puis plus rien. Elle a duré l'espace d'un éclair, et elle n'a pas suffi à calmer notre fringale. Elle nous en a dit trop ou trop peu. Car une lettre, par son arrivée, nous prive de toute une région secrète de notre existence, la seule, en fait, où l'on puisse goûter le vrai plaisir de la vie, celle de l'imagination, créative et changeante, un ciel dont les nuages et les formes de beauté sont détruits par le vent de la réalité. Notons en effet qu'espérer le paradis, c'est vivre au paradis, ce qui n'est pas du tout la même chose que d'y accéder pour de bon.

Ce n'est pas tant la malheureuse lettre elle-même qui est en cause – l'auteur de cette lettre a d'ailleurs, je trouve, quelque chose de pathétique à se donner tant de peine pour exprimer par écrit tout son désir de plaire, son envie si humaine de transmettre une part de lui-même dans son exil –, ce n'est pas tant l'insuffisance du contenu qui est en cause que le fait que la lettre ait commis l'erreur d'arriver à destination. « Le rôle d'une femme », a dit un jour un Français astucieux, « est non de se donner, mais de se laisser désirer. »

Lire une lettre est aussi un art, qui vaut bien celui de l'écrire, et qui n'est pas plus répandu. La coopération du lecteur est essentielle. Il y a toujours plus à tirer d'une lettre qu'il n'y paraît de prime abord, ce qui est vrai en fait de toute bonne littérature, or les lettres méritent certainement d'être traitées comme de la bonne littérature, ayant en commun avec celle-ci d'être issues de l'expérience intime de leur auteur, de naître de choses vécues personnellement. Mais il n'est pas donné à tous de savoir lire. Que de mots arrachés à la plume, que d'indications sont jetés au rebut faute d'avoir été perçus, orchestrés, approuvés. Seul le lecteur idéal mesure l'intensité de ce qui est dit à mi-mot.

De plus, les lettres de voyage souffrent d'une infirmité particulière. Il faut en effet qu'il existe un lien très étroit entre deux personnes pour que l'une souhaite vraiment se représenter le cadre dans lequel évolue l'autre ; voir avec les yeux de l'autre, entendre avec ses oreilles, s'imaginer avec lui dans la chaleur des plaines ou les rigueurs des montagnes. Si ce lien existe, tout est pour le mieux ; et assurément c'est un bel exercice mental, d'un genre raffiné, que de reconstruire un paysage, de saisir une chose aussi subtile que l'atmosphère d'un lieu à partir d'indications données ; « reconstruire » et « saisir » sont d'ailleurs des termes trop grossiers s'agissant de cette aimable irréalité d'une contrée entièrement inventée, comme ces paysages rosés des peintres romantiques italiens, c'est véritablement un art en soi, un luxe pour oisifs épris de spéculation, qui trouve sa récompense – avec de curieuses déformations – quand ensuite on foule de ses propres pieds les lieux que l'on a si longtemps parcourus en imagination (car rien n'est plus difficile que de se remémorer un lieu tel qu'on l'a connu avant de s'y rendre, si ténue est l'étoffe que tisse notre imagination, et si vite défaite, en dépit de sa solidité apparente et de ses maints détails ; comme un lieu que l'on a connu enfant, et dont les couleurs et les proportions fixées par la mémoire ne correspondent pas à l'impression nouvelle, mais pas forcément plus vraie, que l'on en a en le contemplant réellement). Mais en l'absence de ce stimulant, il faut bien avouer que c'est avec un laborieux ennui que nous lisons les descriptions de nos amis nomades. Même ces lettres qui ne nous étaient pas destinées, ni à nous ni à quelqu'un de notre génération, les lettres de Beckford, par exemple, ou celles de lady Montagu, nous les lisons moins pour les pays qu'elles décrivent que pour leur intérêt historique (qui est fortuit), ou bien nous les lisons comme un journal, pour ces remarques pleines de vigueur, d'humour ou de franchise qui font involontairement apparaître la personnalité de l'auteur. La comparaison avec un journal n'est pas mauvaise, en fait, car, au bout du compte, ce qui résiste dans un journal, même tenu par la plume la plus inculte, c'est sa faculté de persuasion, car, grâce à sa méthode simple, progressive et sans compromis, il donne aux récits les plus plats un incontestable accent de vérité.

Il semble donc que toute lettre de voyage ait quelque

insuffisance, et du même coup tout livre de voyage aussi, puisqu'on peut à juste titre considérer des lettres d'une autre époque, rassemblées pour la publication, comme un livre plutôt que comme une simple correspondance. Allons plus loin encore : il semblerait que le voyage lui-même eût quelque chose d'imparfait. À quoi bon voyager, si l'on ne peut communiquer son expérience ni de vive voix ni par écrit ? Or le désir de communiquer son expérience est une des faiblesses humaines sinon des plus estimables, du moins des plus naturelles. Estimables, non, car elle n'apporte rien sur le plan esthétique (puisqu'un plaisir partagé est un plaisir diminué de moitié) et, quant à la tentative elle-même, c'est finalement un leurre (puisque aucune expérience ne peut se communiquer véritablement, et que tout ce qu'on peut espérer transmettre à l'autre n'est qu'une version déformée et trompeuse de ce que l'on a réellement vécu). Il y a beaucoup à dire contre le voyage. Il est source d'inconfort, de dépenses ; de déplaisirs pour nos amis, et de solitude pour nous-mêmes – ce dernier aspect étant bien sûr, pour le vrai solitaire, un point très favorable ; mais entre l'isolement et la solitude, la parenté est lointaine. Le vrai solitaire savoure son esseulement ; il ne se sent lui-même que lorsqu'il est seul ; en compagnie, il a le sentiment de se parjurer, de s'abandonner aux exactions d'autrui ; il a le sentiment que le temps passé en compagnie est du temps perdu ; il est tout à son impatience de retrouver sa vraie vie. Seul – car il aura beau se mettre en pantoufles, il n'en sera pas moins fort exigeant quant à la façon de meubler son esprit –, il tire un livre de sa bibliothèque, ou bien, de ses réserves, il sort une image qui le ravit et il la fait rouler dans son esprit comme un gourmet fait rouler dans sa bouche un grain de raisin, savourant d'abord la goutte de jus sucré qui s'en échappe avant de le faire crever contre son palais pour le goûter à pleine bouche.

Il se peut que le langage, univers déformé et labyrinthique, n'ait jamais eu pour but de remplacer ou même de compléter les fonctions beaucoup plus simples de l'œil. On regarde ; et l'image est là, entière, tridimentionnelle, instantanée. Le langage vient après, comme une tortue qui rivalise avec la vitesse de la lumière, ne réussissant à reproduire, au bout de cinq pages imprimées, qu'une fraction de ce qui a été vu. On pense à cet Oriental qui croyait, dans sa naïveté charmante, qu'en photographiant le muezzin, il allait en même temps enregistrer les notes de son appel à la prière. Le plus que puisse faire le langage – mais quel plus ! – c'est de suggérer ; car l'art des mots n'est pas une science exacte. En fait, nous ne réfléchissons pas assez souvent à cet étrange monde-à-l'intérieur-du-monde que nous avons créé par cette habitude du langage, que la tradition et l'usage ont si fortement enracinée en nous, et qui va tellement de soi que nous sommes désormais incapables d'imaginer la vie sans lui – c'est une notion que l'esprit ne peut concevoir, comme la notion de temps fini ou d'espace infini. Il n'y a pas de pensée possible sans les mots ; et le processus de la pensée nous apparaît comme un exercice souhaitable ; mais quel moyen avons-nous de comprendre le rapport entre la pensée et le monde des faits ? Ce rapport existe-t-il véritablement, ou ne s'agit-il que de convention et de stylisation, comme c'est le cas pour l'art, phénomène extraordinaire, paradoxe suprême de tenter d'exprimer le vrai par toute une variété de conventions fausses. Telle est peut-être la situation solide et présomptueuse du langage, mais nous sommes dans un cercle vicieux, n'ayant pour toute arme contre les mots que les mots, alors sans doute ne serons-nous jamais en mesure d'en juger. On dit que l'enfant nouveau-né ne connaît pas d'autre émotion que la peur, provoquée par le bruit ; c'est donc que toutes les autres émotions, que toutes les idées, sont apprises, ou engendrées par association ; mais, du bébé surpris par le battement d'un tambour au produit le plus beau et le plus élaboré de l'esprit civilisé, le chemin à parcourir est terrifiant. Qu'on donne un nom à une chose, et immédiatement elle existe ; mais cette chose existait-elle avant d'avoir un nom, ou bien est-ce le contraire ? Nous ne pouvons le dire. L'hindou, par exemple, n'a qu'un seul mot pour nommer « demain » et « hier », de sorte qu'on peut penser que sa notion du temps est très différente de la nôtre, sinon il aurait sûrement forgé un mot qui convînt aux besoins de perceptions plus étendues. Nous n'avons pas les moyens d'appréhender des idées pour lesquelles nous n'avons pas l'enveloppe des mots, pas plus que nous ne pouvons imaginer une forme de vie qui ne comprendrait aucun des éléments qui nous sont déjà familiers ; pourtant, si nous prétendions que de telles idées n'existent pas, nous ferions preuve d'autant de déraison qu'un enfant qui, dans un accès de colère, froisserait les pages d'un manuel de mathématiques de haut niveau. Nous sommes esclaves du langage, soumis aux limitations implacables de notre tyran.

Qui plus est, les possibilités du langage sont pleines de

contradictions violentes et surprenantes. Tantôt il semble qu'il n'y ait rien (dans les limites de notre expérience) que les mots ne puissent exprimer, jusqu'aux nuances les plus subtiles d'un Proust ou d'un James ; et tantôt nous nous apercevons avec désespoir, tant est pauvre ce véhicule que nous nous sommes donné à nous-mêmes, que nous sommes incapables de faire part à autrui d'une expérience des plus simples de notre vie événementielle ou affective. Qui d'entre nous pourrait se vanter, s'il était transplanté dans l'esprit d'un autre, si proche que lui fût cet autre, de ne pas se sentir en pays inconnu et, tout en retrouvant çà et là quelque aspect familier, de ne pas être, pour l'essentiel, déconcerté par des associations, des formes et des proportions inattendues ? Il est un seul domaine de la vie pour lequel le langage soit à peu près adéquat, c'est celui de l'intellect, car c'est un domaine engendré, pour ainsi dire, par le langage lui-même, un domaine qui, sans le langage, n'aurait jamais existé, n'aurait jamais pu exister. Les choses que l'on voit et que l'on perçoit, parce qu'elles ont une existence indépendante et ne dépendent pas de notre degré d'intelligence, ne sont pas du ressort des mots.

Il faut donc admettre, avec tristesse, que le voyage est un plaisir personnel, puisqu'il n'est fait que de choses que l'on voit et perçoit – de sensations reçues et d'impressions qui régalent les yeux. Voyager n'a pas d'intérêt pour l'intellect, et les intellectuels sont presque toujours des casaniers. Ils préfèrent, sagement peut-être, somnoler au coin du feu et laisser les minarets et les coupoles leur apparaître en esprit, sans encourir de désenchantements ni de désillusions. Ou plutôt, au lieu de penser aux minarets et aux coupoles, ils fixent leur attention sur l'âme égarée et troublante de leurs amis. Le voyage est tout simplement un goût, qu'on ne peut pas défendre par des arguments logiques ; et qui n'a pas à être défendu, puisque les arguments ne peuvent en venir à bout et qu'il résiste avec tout ce qu'il a de concret, les mots étant impuissants à le réduire à néant ; au contraire, il résiste avec la même fermeté quand les brumes de la discussion se sont dissipées que lorsque leurs miasmes ineptes ont commencé à se répandre. Rien n'est aventure tant que l'esprit n'en a pas décidé ainsi ; et si c'est l'esprit qui en décide, aucun événement, si insignifiant soit-il, ne sera jugé indigne d'un si grand nom. Comme toutes les passions irrationnelles, il faut l'accepter ; c'est peut-être irritant, mais c'est ainsi.

Et puis, comme toute passion irrationnelle, le voyage a quelque chose d'infiniment romantique. À première vue, on pourrait croire qu'il a quelque chose de trop matérialiste pour faire une part au romantisme, car il repose sur des éléments matériels, tels que la géographie, qui est une chose concrète et finie. Des bateaux quittent Londres chaque jour à destination de ports situés aux antipodes ; rien de plus simple, quand on en a les moyens, que de prendre un billet et de se faire emmener à Tilbury en taxi. Mais ce n'est pas tout. Ce qui compte, c'est la disposition d'esprit. Il faut avoir très fortement conscience de partir pour l'inconnu ; pour des lieux qui ne nous sont pas habituels. Il est nécessaire, surtout, de ne rien tenir pour évident. Le voyageur sage est celui qui s'étonne de tout. Qui ne voyage jamais saura qu'en Inde les paons en liberté sont aussi communs que les sansonnets en Angleterre, et ne trouvera à cela rien de surprenant. Or, voir des paons en liberté faire la roue dans les derniers rayons du soleil couchant en Orient est une chose stupéfiante en vérité. La nature, avec juste raison, a placé sciemment ses animaux sur la toile de fond du paysage qui est le leur ; c'est nous qui les en avons retirés pour les mettre au mauvais endroit.

Alors, si l'on ne doit s'étonner de rien, ni ressentir un plaisir vrai et profond, si l'on n'est pas prêt à supporter une solitude exaltante mais inévitable, mieux vaut rester au coin de son feu en se réjouissant de pouvoir dîner avec ses amis. Mais pour ma part, je ne voudrais pas me priver de souvenirs tels que celui d'une aube en Égypte, ou de hérons passant à tire-d'aile devant la lune au petit jour.

CHAPITRE 1

EN ROUTE POUR L'ÉGYPTE

1

Dans la préface d'*Eothen*, Kinglake déclare : « Je crois pouvoir avouer en toute franchise que, de tout récit de découverte géographique ou de recherche archéologique, de tout étalage de savoir et de culture religieuse, de toute illustration historique et scientifique, de toute statistique utile, de toute étude politique, et de toute remarque de bonne morale, ce volume est entièrement dépourvu. » On croirait lire la litanie : Seigneur, délivre-nous. C'est en ces termes que Kinglake parle de son livre ; j'espère que je pourrai en dire autant du mien. Il poursuit avec un plaidoyer en faveur de l'égocentrisme du voyageur : « Son égoïsme même, son habitude de ramener le monde extérieur tout entier à ses propres sensations, l'oblige, pourrait-on dire, à observer dans ses écrits les lois de la perspective ; il vous parle des objets, non pas d'après la connaissance qu'il en a, mais tels qu'ils lui sont apparus » – passage fort rassurant à trouver parmi les écrits d'une autorité aussi estimable. Pourtant, à y réfléchir, pourquoi citerais-je Kinglake ou un de ses semblables plutôt que de présenter hardiment cette opinion comme la mienne ? On a bien trop tendance à révérer un homme simplement parce qu'il est mort avant qu'on ait soi-même vu le jour. Je n'avais pas sitôt fini de recopier le passage de Kinglake, encore tout heureuse de sa pertinence, que survenait un de mes auteurs favoris (quelqu'un qui bouscule le langage et lui fait accomplir avec aisance toutes sortes d'acrobaties) pour me remettre sévèrement en place. « Les auteurs didactiques et polémiques », disait-il dans son livre, que je maintenais ouvert sur ma table à l'aide d'une fourchette pendant le repas, « citent des passages d'autres auteurs pour y trouver un soutien ou un sujet de controverse... Un écrivain reprend des expressions qui ont déjà servi parce qu'elles formulent sa pensée mieux qu'il ne peut la formuler lui-même, ou parce qu'elles sont belles ou spirituelles, ou bien parce qu'il espère déclencher certaines résonances chez le lecteur, ou encore pour montrer qu'il est savant ou cultivé. Les citations relevant de cette dernière raison sont immanquablement malvenues ; le lecteur perspicace n'est pas dupe, et n'éprouve que mépris ; et celui qui manque de perspicacité sera peut-être impressionné, mais il sera aussi rebuté, car des citations prétentieuses sont le plus sûr chemin pour mener à l'ennui ; moins un écrivain a d'expérience, et donc moins de culture aussi généralement, plus il est tenté de donner dans cette erreur ; celui qui a de l'expérience sait qu'il vaut mieux l'éviter ; et l'écrivain cultivé, se sachant capable de faire des citations s'il le souhaitait, ne craint pas que le lecteur doute qu'il en soit capable. » C'en était assez pour m'engager plutôt durement à un examen de conscience ; et, m'y étant livrée pour savoir laquelle de ces nombreuses raisons m'avait poussée à produire Kinglake, j'arrivai à la conclusion que c'était tout simplement parce qu'il avait exprimé ce que je voulais dire mieux que je ne pouvais espérer le faire moi-même. Savante, je ne le suis certainement pas ; cultivée, en partie seulement ; polémique, pas le moins du monde ; didactique, j'espère bien que non, mais je n'en suis pas certaine. En tout cas, refusant de me laisser impressionner, j'ai gardé ma citation de Kinglake. Il disait ce que je pensais. Qu'est-il de plus odieux qu'un livre de voyage instructif ? À moins, évidemment, qu'il ne se propose très ouvertement de l'être, auquel cas il entre dans une catégorie différente, et doit devenir, pour parler comme les critiques, « un monument », « une œuvre d'érudition », « un bel hommage à l'histoire et au génie de la... nation ». S'il n'est pas tout cela, alors qu'il se contente d'être franchement personnel, et de refléter les faiblesses, les préférences et les penchants de l'auteur ; que celui-ci soit sans honte ; qu'il écrive à son public comme à un familier et à un ami. Mais l'art d'écrire a ceci de particulier qu'il souffre du désavantage d'avoir pour arbitre un public non initié aux principes d'un credo littéraire, et qui juge une œuvre littéraire d'après ses propres critères, qui sont ceux, purement humains, de la vie ordinaire ; « C'est bien, ah oui, évidemment, c'est *bien*, mais trop déprimant », entendra-t-on dire d'un roman dont l'histoire finit mal, sans qu'il soit tenu aucun compte de l'habileté, ou de l'angle de vue surprenant et personnel de l'auteur ; ce qui porte à croire que tout ce qu'on demande à la littérature, c'est de vous faire échapper à la vie ordinaire ; et que la littérature aujourd'hui n'est en fait qu'un moyen agréable de survivre, de fuir dans un monde irréel, romantique et apaisant ; comme quand on va voir les armures au Victoria and Albert Museum.

Ce n'est pas là, hélas, la fonction de la littérature telle que la conçoivent les fervents des lettres et de la langue anglaise. Pour eux, c'est un art qui ne dépend pas simplement de l'agréable ou du désagréable, ou de ce qui inquiète – et notre époque a beau être inquiétante à l'extrême, on ne voit pas pourquoi la littérature devrait, de préférence à autre chose, servir d'opium – c'est un art éternel qui (quoique aussi fallacieux sans doute que tous les autres arts) doit maintenir son statut, à l'écart du malaise quotidien d'une époque troublée. Mais rien de tout cela ne concerne ce livre, qui n'est pas de la fiction ; quant au problème de la fin, il est évident que l'auteur (qu'on peut assimiler au héros, à l'héroïne, aussi bien qu'à tout autre personnage) ne mourra pas de mort tragique dans les dernières pages, sinon le livre n'aurait jamais été écrit.

Un matin de janvier donc, je me mis en route ; peut-être pas pour une grande aventure, mais pour un voyage qui allait me mener dans un pays inexploité, dont le seul nom, inscrit sur les étiquettes de mes bagages, semblait exhaler un vague et lointain arôme dans l'air frileux de la gare de Victoria : la PERSE. J'aurais parfaitement pu me passer de faire faire ces étiquettes. Elles ne furent d'aucune utilité auprès des responsables des chemins de fer ni des porteurs. Mais je m'amusai de voir mes compagnons de voyage loucher sur mon adresse, eux qui avaient pour destination Mürren ou Cannes ; et si c'était moi qui plaçais moi-même mon bagage dans le filet, je m'arrangeais toujours pour laisser pendre l'étiquette ostensiblement, comme un petit fanion orange. Combien subtil est le rapport du voyageur avec son bagage ! Il en connaît comme personne les particularités et le contenu ; il peut ressentir pour lui de la tendresse ou une grande répulsion ; mais, pour le meilleur et pour le pire, il est lié à lui ; le perdre le met au désespoir ; pour le retrouver, il sacrifiera billets de chemin de fer et couchettes de bateau ; il le gardera auprès de lui même après s'être enfermé dans une chambre sinistre, dans un hôtel inconnu. Il y a la mallette amie, celle qui contient ce dont le voyageur a besoin dans l'immédiat, et qui sera ouverte et refermée une douzaine de fois par jour ; il y a les malles impossibles à refermer, et que par conséquent il aura soin de ne jamais ouvrir, même s'il a terriblement besoin d'un objet enfoui dans leurs profondeurs ; celles-là, il est impensable de les défaire, car autant essayer de faire rentrer le djinn dans sa bouteille. Il y a les accessoires divers – un fourre-tout pour les couvertures et les manteaux ; et puis toujours quelque objet un peu encombrant qu'il regrettera d'avoir emporté ; un objet qu'il se repentirait d'avoir pris, mais qu'il a emporté tout de même. De quel honneur se trouvent investies toutes ces affaires personnelles qui ont été choisies pour l'accompagner ; il sait qu'il a laissé derrière lui une chambre en désordre, avec des tiroirs ouverts, des armoires mises à sac, un sol jonché de papiers de soie et de ficelle ; une chambre qu'il a abandonnée en laissant à d'autres le soin de la ranger, tandis qu'il est là assis dans sa voiture, l'air satisfait, ayant pris la fuite ; et avec lui, entassés dans l'obscurité rectangulaire de ses malles en peau de porc, en fibre ou en crocodile, s'en vont, patients et fidèles, tous ces objets indispensables qui reverront le jour dans un cadre étonnamment transformé, mais qui pour lui resteront toujours associés à sa commode, à sa table de toilette et à l'intimité de sa propre demeure. Ces objets ont été les compagnons de sa vie ordinaire ; ils sont maintenant ses compagnons d'escapade ; quand ensemble ils seront de retour, ils échangeront des regards complices.

C'est tout un art de savoir quoi emporter. La valise qu'on va ouvrir et refermer une dizaine de fois par jour doit absolument être extensible, et, au départ, il faut la charger au minimum, plutôt qu'au maximum. C'est la règle primordiale, et il faut résister à toute tentation de l'enfreindre en y fourrant toutes sortes de choses à la dernière minute. Un coussin ou un oreiller sont ennuyeux à traîner, mais d'un confort qui vaut qu'on s'en encombre ; un coussin gonflable est moins gênant, mais moins confortable aussi. Un sac de couchage Jaeger (qui va dans le fourre-tout) vous change la vie au cours d'un voyage long et varié ; mais il faut le doubler à l'intérieur d'un autre sac taillé dans un drap – précaution que je n'avais pas prise –, sinon il gratte. Les bouteilles Thermos sont surfaites : elles se cassent, ou elles fuient, ou les deux à la fois ; et il est peu d'endroits où l'on ne puisse obtenir du thé. Autres choses essentielles : un couteau, un tire-bouchon, et un chapeau qui ne s'envole pas. Un instrument pour ôter les cailloux des sabots des chevaux n'est pas une nécessité. De la quinine pour les pays chauds, de l'iode, de l'aspirine, de la chlorodyne et du sparadrap.

N'expédiez pas de bagages enregistrés, aurais-je tendance à recommander, mais peu de gens suivront ce sage conseil. Moi-même je ne l'ai pas suivi. J'avais une malle-cabine verte que j'ai fini par détester et que j'ai laissée en Perse. J'avais pourtant l'excuse qu'il me fallait prévoir des climats très divers ; je m'attendais tantôt à étouffer, et tantôt à geler ; il me fallait un bonnet de fourrure et un casque colonial, un manteau de fourrure et des vêtements de soie. Éparpillées dans ma chambre avant le départ, mes affaires avaient l'air fort incongru.

Ainsi donc, équipé, et portant avec lui tout ce dont il a besoin, comme l'escargot, le voyageur anglais tâche de profiter au mieux de ses deux heures entre Londres et Douvres. Il laisse errer son regard sur les champs qui de l'autre côté de la Manche vont devenir ces vastes étendues sans haies du nord de la France. Pour ma part, je ne connais que trop bien cette ligne, qui traverse mes champs, et passe par ma gare, et je suis agitée par un curieux mélange de sentiments ; j'ai un serrement de cœur, alors pour le contrer, je m'oblige à penser au nombre de fois où j'ai vu ce même train traverser cette gare à toute allure, et où j'ai eu un serrement de cœur différent au passage du « Continental Boat Express » – prise du désir de partir, envieuse de ces gens assis aux portières du Pullman ; mais non, ce n'était pas un serrement de cœur, c'était un titillement de l'esprit ; c'est le cœur qui retient chez soi ; c'est l'esprit qui ressent l'appel de l'inconnu. Le cœur veut rester dans la sécurité des lieux familiers ; l'esprit vous aiguillonne, il veut explorer, sauter du haut des falaises. Je vois défiler tous les repères : les deux pistons de l'usine, près d'Orpington, qui montent et descendent alternativement, mais jamais tout à fait ensemble ; autrement dit, avant que l'un n'arrive tout en haut, l'autre a déjà commencé à retomber ; ces pistons me font souffrir depuis mon enfance, parce que, bien qu'ils soient là côte à côte, je n'ai jamais réussi à les faire fonctionner à l'unisson. Je sais qu'ils me reviendront à l'esprit quand je traverserai l'Asie, et qu'à mon retour, je les reverrai monter et descendre, et toujours avec ce léger décalage. Puis c'est ma gare, et Yew Tree Cottage, et le sentier à travers champs. Mais, si je le pouvais, descendrais-je du train pour me précipiter chez moi par ce sentier à travers champs ? L'étiquette orange est là qui se balance : PERSE. En une demi-heure je serais chez moi ; et mon épagneul, assis sur mon gant, bondirait à ma rencontre, étonné ; mais déjà le train m'emporte vers des lieux qui me tiennent moins à cœur ; je suis entraînée loin de ces arpents de terre, loin de ces bois où pousse l'orchidée. Je me demande si mes affaires dans mes bagages se sont senties attirées de la même façon, comme l'aiguille de la boussole est attirée par le nord.

Déjà tout s'éloigne : la maison, les amis ; un agréable sentiment de supériorité absorbe, comme une éponge, la mélancolie rampante du départ. Un effort de volonté, et en un clin d'œil, je suis passée dans l'autre humeur, l'humeur aventureuse, celle du départ. Comme c'est enivrant de dépendre entièrement de soi-même ; de trouver le bonheur ailleurs que dans le confort matériel ; de se défaire de cette sentimentalité à l'égard de ce qui vous est cher et familier ; d'être ouvert, vulnérable, réceptif ! Si je sens grogner quelque douleur en moi, je ne l'écouterai pas. La vie est trop riche pour que l'on s'enferme avec obstination dans une seule humeur.

La France est encore terrain connu et elle est trop pleine de réminiscences faciles pour être vraiment satisfaisante. L'Italie, sous un blanc manteau de neige, a un aspect étrange et hostile ; car je n'ai jamais vu cette plaine lombarde en hiver, et n'en ai le souvenir qu'au printemps ou à l'automne, ou bien dans la primeur de l'ornithogale et du muscari (parfumé comme jamais il ne l'est en Angleterre), ou bien dans la maturité du maïs et de la vigne. Le nom même des gares a quelque chose de tiède et d'automnal : Brescia, Vérone ; et je me souviens qu'une fois, tirée de mon sommeil à Vérone, j'entendis minuit sonner, et demeurai éveillée, subjuguée, car il n'en fallait pas plus pour évoquer les amours shakespeariennes ; or, cinq minutes plus tard, j'entendis une autre horloge sonner minuit à son tour sur un ton différent ; minuit à Vérone pour la deuxième fois, alors que la première m'avait déjà comblée ! Cette chose bêtement évidente m'emplit d'une humble gratitude, comme un mendiant qu'une aumône royale enrichit tout d'un coup. J'ai savouré le plaisir particulier de repasser en des lieux déjà affinés par une expérience antérieure, de m'attarder avec sensualité sur d'anciens souvenirs ravivés, à un moment où l'avenir n'est que promesse d'expériences nouvelles, et porte les prophéties du souvenir, comme si l'esprit, se ruant en avant, revenait en prédisant des trésors, tels ces espions qui rapportaient des fruits de la terre promise.

Puis à Trieste, j'ai quitté les bords de l'Europe, dont j'ai encore vu quelques parcelles depuis le pont du bateau : la côte grecque à l'aube, la côte de la Crète au couchant, avec un arc-en-ciel qui n'en finissait plus sur les falaises arides ; mais je savais que je ne mettrais plus le pied en Europe avant mon retour d'Asie. Cependant que le bateau, mal équilibré, roulait comme s'il allait chavirer, des passagers se retirèrent, pour ne plus reparaître ; ils furent très peu à rester consommer ou simplement admirer le mets élaboré par l'imagination enjouée des Italiens : des ours polaires en sucre se poursuivant autour d'un monticule de glace éclairé électriquement de l'intérieur ; avec le roulis, la verrerie et la vaisselle furent précipitées d'un côté à l'autre du bateau, rien, apparemment, n'ayant été prévu pour les retenir ; mais le matin du quatrième jour, nous nous réveillâmes en été, laissant derrière nous les mers mauvaises de janvier, et bientôt la côte basse de l'Afrique apparut à l'horizon.

2

Mes souvenirs du Caire à une autre époque n'avaient rien d'agréable ; très jeune, très timide, et ayant fort peu d'aisance, on m'avait obligée à être l'hôte de Kitchener. Je n'avais aucune envie de résider chez lui ; j'avais protesté bruyamment ; ma famille, croyant bien faire, prétendait qu'un jour je me féliciterais d'y être allée. Je ne m'en suis jamais félicitée, ni à ce moment-là, ni plus tard ; car j'en garde un souvenir horrifié, comme une cicatrice mentale. En arrivant à la Résidence, je souffrais d'une insolation et je n'avais plus du tout de voix – ce n'était pas l'état idéal pour affronter ce soldat imposant.

N'ayant qu'une envie, un lit dans une chambre obscure, j'étais descendue dîner. Il y avait autour de la table une demi-douzaine d'officiers intimidés et muets ; Kitchener promenait sur eux un regard voilé ; seul mon murmure rauque ponctuait le silence. On en vint à parler de l'art égyptien. « Je n'arrive pas, grogna Kitchener, à avoir une haute opinion d'un peuple qui a dessiné les chats de la même façon pendant quatre mille ans. » Je restai interdite, et, en eussé-je été capable physiquement, je n'aurais su quoi dire. Ce qui suivit fut pire encore ; car pendant que nous étions sur la terrasse, après le dîner, contemplant le Nil au-delà des jardins, des petits pas pressés et joyeux résonnèrent sur le dallage et un allègre bâtard roux entra en trottinant. « Grands dieux ! qu'est-ce que c'est que ça ? *un chien* ? » s'écria Kitchener, en jetant un regard furieux à son aide de camp. C'était un outrage à la sainteté des lieux ; une dizaine d'épées étaient prêtes à sortir de leur fourreau. Je ne pouvais pas laisser faire ce massacre ; je dus avouer que le chien était à moi.

Cependant, le lendemain, mon hôte m'emmena au zoo, heureux comme un enfant de voir le bébé éléphant à qui on avait appris à faire un salut avec sa trompe. La glace était rompue.

Cette fois-ci, bien des années plus tard, c'est sans la moindre contrainte que je retrouvais l'Égypte ; pas de chien à cacher, pas de domestiques, pas de Kitchener, pas d'insolation. J'allai à Louqsor. J'avais neuf jours de répit entre mes deux bateaux. Les murs blancs de Louqsor étaient drapés de tentures de bougainvilliers pourpres ; quatre chameaux nubiens de couleur crème étaient agenouillés au bord du Nil. Je me rappelai mon premier séjour à Louqsor, couchée dans l'obscurité d'une chambre fraîche, la tête douloureuse, mais bien heureuse de m'être échappée et d'être enfin seule avec mon insolation. Au lieu d'aller dans la Vallée des Rois, j'étais restée couchée à regarder les rais de soleil à travers les lattes des jalousies, et, avec cette acuité particulière qui n'est atteinte que dans la maladie, lorsqu'on est entièrement concentré sur soi-même, à écouter les gouttes d'eau tomber au-dehors sur le sol carrelé qu'un domestique arrosait avec un seau ; une façon agréable de passer le temps – il semblait même que la souffrance apportât quelque chose en plus, en différenciant cette semaine-là de la vie ordinaire –, je n'éprouvais aucun ressentiment, juste quelque regret d'avoir dû venir jusqu'à Louqsor pour cela. Maintenant, c'était tout autre chose et, pleine d'énergie, je pris la route aride et éblouissante qui mène à la Vallée des Rois. Que la campagne anglaise paraissait lointaine désormais – et pourtant les deux pistons étaient toujours là, montant et descendant avec le décalage habituel –, quand soudain, au milieu des collines de Thèbes, je pensai à ces champs, ils me parurent petits et d'un vert très vif, comme si je regardais par le mauvais bout d'une longue vue. Mais surtout ils m'apparurent comme extrêmement peuplés de petites créatures, grouillants de vie – des lapins sortant des bosquets le soir, des lièvres assis sur leur derrière parmi les mottes de terre labourée, des mulots, des hermines se faufilant parmi les feuilles et des oiseaux innombrables sautillant dans les branches ; une foultitude de petites bêtes, avec du blé en abondance et des broussailles pour leur servir d'abri ; toute la douceur verdoyante et feutrée du Kent m'apparut au moment où je fis halte dans la poussière blanche de ce paysage sans vie. Une huppe ? Un lézard ? Un serpent ? Non, il n'y avait rien ; rien qu'un éboulis de rochers, et un soleil aveuglant. Ce silence et cette absence de vie me firent peur. Les rochers se resserraient autour de la route, menaçants. L'émotion est intense quand on ne sait pas ce qui va se présenter à la vue ; l'esprit, tendu, essaie d'imaginer à quoi il peut s'attendre, et ne trouve rien ; c'est comme de prendre une cruche d'eau que l'on croit pleine, et de s'apercevoir qu'elle est vide. Je ne savais pas comment me représenter le lieu de sépulture des pharaons. En vérité, j'avais peine à croire que j'allais bientôt le contempler de mes propres yeux, et savoir exactement et pour toujours à quoi il ressemblait. Et à ce moment-là, j'aurais peine à croire, de la même façon, que j'avais pu l'ignorer. Je m'attardais à ces petites réflexions cuisantes ; je répugnais à me défaire de mon ignorance ; je me reprochais la perte de tant d'années où j'aurais pu me forger une idée de ce sépulcre royal. Ce plaisir me serait désormais refusé : j'allais échanger contre les plaisirs de l'imagination la morne réalité du savoir. Déjà, j'avais vu la route, et, même si j'étais renvoyée à Louqsor par magie, même si, comme Habacuc, j'étais saisie par les cheveux et déposée à mille lieues de là par la force d'un esprit angélique pour donner mon repas à quelqu'un, j'aurais tout de même vu cette route, et je pourrais me faire une idée, à partir d'éléments sûrs, de ce qui allait vraisemblablement apparaître au détour du chemin. À quoi bon faire volte-face pour rentrer, à quoi bon quitter ce désert pour regagner les étroits canaux verts du Nil ? Je poursuivis mon chemin.

3

Suivirent d'autres journées à Louqsor ; celle où je me rendis dans le village des potiers en bordure du désert, traversant les champs de blé en herbe que les aigrettes arpentaient de leur pas raide, et où la roue à eau gémissait en déversant ses godets dans les tranchées d'irrigation. J'aimais m'éloigner des routes pour pénétrer au cœur de la vie rurale, dans une région où il n'y avait que des paysans au travail, courbés au-dessus de la terre sombre. Là, tout était lent, calme et régulier ; la culture de la terre est de tous les temps et de tous les pays. Rien n'en marque l'âge. Cette agriculture de la vallée du Nil a une forme de concentration particulière. Tout est étroitement ramassé ; rien ne s'étale. Les siècles eux-mêmes se resserrent, et la vie de l'homme avec ses bêtes s'est refermée sur elle-même. On dirait qu'hommes et bêtes ont pris la même allure et la même couleur, à force d'être si proches, et si proches de la terre aussi, depuis si longtemps. En longues files, plats comme une fresque, ils vont le long des digues, couleur de limon : les chameaux, les buffles, les petits ânes et l'homme. Ils vont d'un pas traînant, en une éternelle procession ; comme si, à la manière du génie égyptien, un crayon dur et pointu les dessinait sur le ciel. D'abord les chameaux balançant la tête au bout de leur long cou ; puis les buffles, avançant pesamment, comme s'ils venaient de s'arracher au magma originel ; et puis les ânes, dont le dernier porte sur sa croupe un petit garçon qui bat des talons. Et enfin l'homme, petit mais bien droit, faisant avancer devant lui toute la cohorte. Certes, il fait avancer la procession, mais il en fait partie ; il ferme la marche. Il complète le motif. Il n'est pourtant pas tellement différent de ses bêtes, simplement il leur est perpendiculaire, car elles sont à l'horizontale ; et il tient un bâton, mais il est de la même couleur qu'elles. Dieu sait où se rend toute cette troupe ; on dirait un pèlerinage sans fin. Quel repos de tomber sur un groupe de paysans au travail dans une attitude statique, courbés au-dessus de la terre au lieu d'avancer sans relâche vers autre chose ; non loin de là, un chameau, prudemment mis au joug, fait tourner la roue à eau du matin au soir en foulant le même sillon ; c'est là une sorte de victoire remportée sur cet animal qui, avec son cou tendu, était sans doute fait pour avancer droit devant lui, toujours à la même allure, à travers un même désert – asservissement de l'idée à la forme. Mettre un chameau au joug, c'est déjouer le dessein de la nature, car cet animal a bien l'air d'un voyageur naturel et non d'une créature faite pour tourner en rond constamment. Les engrenages de bois grincent en frottant les uns contre les autres, à l'ombre du tamaris, et les godets remontent des profondeurs du puits en dégoulinant, de sorte qu'ils perdent la moitié de leur contenu avant de le déverser dans la tranchée – procédé peu économique, mais que les siècles n'ont pas réussi à améliorer. Ces méthodes égyptiennes sont d'une simplicité franchement primitive, mais elles semblent efficaces, car cette terre noire produit d'enviables récoltes. L'eau est la préoccupation constante, qu'il s'agisse des craintes à propos du Nil de l'année – bon Nil ou mauvais Nil – ou du problème de l'irrigation, plus facile à maîtriser. Aussi le paysan égyptien doit-il avoir l'esprit rempli du bruit et du mouvement de l'eau, comme l'esprit de tout ouvrier est façonné par les détails et les exigences de son métier ; ces godets, il les voit puiser et déverser leur eau comme s'ils étaient un prolongement de lui-même, comme s'ils faisaient partie de sa chair ; et toute la journée il entend le grincement aigu des engrenages, qui chantent un air singulier, semblable à une incantation, tandis que le chameau piétine en rond dans son sillon.

Les paysans levaient la tête à la vue d'une étrangère, car les touristes restent près des tombeaux et des temples, sans s'écarter dans la campagne. Les sarraus bleus apparaissaient au-dessus du blé quand les hommes redressaient leur dos ployé, interrompant leur tâche pour regarder. Dans les villages, les chiens sortaient en courant pour aboyer, et des hordes d'enfants surgissaient de nulle part avec des petits visages grimaçants, les mains tendues, soulevant la poussière de leurs pieds nus. Ces gens vivent dans des conditions incroyablement rudimentaires. Leurs maisons sont de simples abris de boue séchée au soleil, sans le moindre meuble, même des plus grossiers ; rien que quatre murs et le sol battu, c'est tout. Parfois une porte sommaire sépare l'entrée de la rue du village, mais plus souvent cette entrée n'est qu'un trou dans le mur et n'importe qui peut voir à l'intérieur. Le village des potiers était construit en majeure partie de tessons de poterie noyés dans la glaise ; sous un toit de roseaux tressés, deux potiers étaient au travail, actionnant leur tour d'un coup de pied, les bras plongés jusqu'au coude dans l'argile sombre et mouillée qui, d'une masse informe, était en un instant transformée en une cruche aux lignes simples mais parfaites – la précision de leur art contrastait étrangement avec leurs conditions d'habitation quasi bestiales. Ces gens ne savent faire que cela, et toute leur vie ils feront la même chose, comme leurs ancêtres avant eux, tout au long des étés brûlants où aucun touriste ne songe à venir à Louqsor, aussi bien que pendant l'hiver, période plus clémente, où des étrangers, l'esprit foisonnant de toutes les complexités de la civilisation, viennent capter brièvement le cours d'une existence humaine différente. Ces potiers, c'est à peine s'ils voulaient bien lever leurs yeux : un simple regard, éteint et indifférent, et ils jetaient une nouvelle motte d'argile sur le tour en marche pour en tirer le col gracieux de la cruche.

C'est un peuple patient. J'avais observé ces gens travailler à des fouilles, ils étaient toute une file à monter et descendre comme les anges sur l'échelle de Jacob, portant sur la tête de petites corbeilles de sable et de débris. Ainsi les enfants d'Israël durent-ils être à la tâche sous le fouet du tyran, car maintenant encore, au XXe siècle, les lanières à nœuds des surveillants allaient s'enrouler autour des corps en haillons des traînards. Rien n'aurait pu montrer de façon plus saisissante à quel point la main-d'œuvre est abondante et bon marché que la taille de ces petites corbeilles ; à peine plus grandes qu'une barquette de fraises, elles ne pesaient rien, même pour un enfant, et pourtant c'étaient des hommes et des femmes jeunes qui allaient les chercher au fond du tombeau pour les remonter et les vider sur les débris qui s'amoncelaient sur le rocher, sous le soleil ardent. En montant et en descendant, ils psalmodiaient un chant monotone ; quand le fouet s'abattait sur eux, ils sautaient en l'air, mais avec bonne humeur, comme si le fouet faisait partie de leur journée de travail et s'abattait sur eux avec impartialité, plus pour maintenir le rythme de toute la file que pour châtier l'individu ; ainsi, petit à petit, ils vidaient le tombeau que leurs ancêtres avaient creusé, et que le temps avait enfoui, jusqu'au jour où l'étranger curieux allait offrir à nouveau aux regards ces chambres souterraines et ces peintures rigides de dieux et de pharaons ; c'est seulement lorsque retentissait le sifflet, au coucher du soleil, que ces bêtes de somme redevenaient des êtres humains, rompant les rangs et s'égaillant comme un vol d'étourneaux quand on tape dans les mains. Alors ils se mettaient à courir et à bondir sur les rochers, les uns pour s'éloigner et se mettre à l'aise, les autres pour boire avidement à leur gobelet, mais tous joyeux d'être libérés et montrant leur plaisir de façon puérile. Haillons bleus et bruns, dents blanches et jambes musclées, tels devaient-ils être déjà, à l'œuvre dans le dédale de la Vallée des Rois, sous la cime pointue, creusant une véritable ville souterraine, avec ses passages et ses chambres funéraires, pour l'extraordinaire appareil de la mort des rois. Eux-mêmes, ces plébéiens, avaient parfois été honorés : un pharaon avait donné un tombeau à son jardinier, faisant peindre au plafond et sur les murs des feuillages, des raisins et des pêches ; si bien qu'on avait l'impression, en passant des catacombes royales, avec leurs fresques stylisées qui semblaient dénuées de sens, à ce petit sépulcre décoré de fruits, de passer d'un palais vide à un vivant berceau de verdure. Les symboles de fertilité d'Amon-Rê étaient d'une lourdeur qui laissait indifférent comparés à ces marques de reconnaissance touchantes d'un maître pour les bons offices de son jardinier.

Les potiers avaient pour voisins un village de pigeons. Un village composé non pas de maisons, mais de colombiers. Les habitants arrivaient et s'en allaient par les airs, entrant et sortant non pas par des portes, mais par de petites ouvertures cintrées à une dizaine de pieds au-dessus du sol, et le lieu tout entier était plein de bruissements d'ailes et d'échanges amoureux. Je me demandai s'ils étaient parvenus à une forme quelconque d'organisation, comme les fourmis ou les abeilles, mais ils ne semblaient préoccupés que des amours, tournant les uns autour des autres dans la poussière d'Égypte en se lissant les plumes et en se pomponnant exactement comme des pigeons du Sussex sur le toit d'une grange. Ce n'est pas par une aimable fantaisie, mais par observation de la réalité que les pigeons sont devenus l'attribut d'Aphrodite ; et ces oiseaux égyptiens étaient aussi fidèles que les oiseaux grecs à leur réputation d'amoureux. C'était une véritable petite ville que l'homme leur avait construite là, avec une rue en son milieu, un bouquet de palmiers, une sorte de place publique où ils pouvaient tenir leurs assemblées, et ces deux hautes tours rondes avec des entrées partout et de petites corniches où ils pouvaient se poser dans le calme du soir.

Cela me fit penser à ces nombreuses histoires où une population tout entière est métamorphosée par magie en un animal quelconque ; et j'avais le sentiment qu'il m'aurait suffi de prononcer les paroles nécessaires pour que toute cette aimable communauté retrouve aussitôt forme humaine.

4

Il se trouva que la lune était pleine pendant mon séjour à Louqsor, alors un soir, après dîner, je partis pour Karnak, au trot rapide de deux petits chevaux. C'était une chose que bien des gens avaient souvent faite avant moi ; mais pour moi, c'était une entreprise particulièrement exaltante, car parmi les ambitions qui couvaient vaguement dans ma tête, il y avait celle de voir Karnak au clair de lune, et celle de m'y promener en barque ; et voici que la première allait être satisfaite. Tout d'abord les chevaux trottèrent doucement le long de la piste sablonneuse, entre les arbres, au rythme vif et allègre du claquement des sabots ; puis, progressivement, le paysage se coula dans ses éléments caractéristiques : un obélisque apparut, puis le pylône carré d'un petit temple sur la gauche, et puis une allée toute défoncée bordée de formes accroupies qui ressemblaient à des crapauds parmi les ombres, et enfin la masse de Karnak proprement dite dans un espace découvert s'étendant au-delà de la route étroite et des arbres. Quel pays d'une étrange simplicité que l'Égypte ! si conforme à un certain modèle, si attendu, si peu original – et pourtant transcendant tout cela d'une façon si grandiose, rendant la sophistication dérisoire, bannissant toute pédanterie par cette perpétuelle simplicité qui triomphe aussi bien des esprits sophistiqués que des esprits primaires. On n'y échappe pas. L'esprit exigeant ne peut s'empêcher de couper les cheveux en quatre ; mais de cela il se lasse, et en fin de compte, il retourne, pour se satisfaire, aux formes les plus simples. Nous en revenons toujours à ces curieuses associations, vraies ou fausses, qui suscitent notre émotion par réaction à un jugement trop subtil plutôt que trop exercé : des associations comme celle d'un temple païen et d'un clair de lune – encore que nous ignorions quel est ce lien entre la lune et le temple, sinon que l'un et l'autre sont très anciens, si anciens qu'ils ont perdu pour nous toute réalité ; et qu'ils sont chargés d'une signification que nous sommes incapables d'interpréter, mais dont nous savons obscurément qu'elle existe ; obscurément, sans fondement scientifique, et dans l'ignorance ; peut-être sommes-nous dans l'erreur, mais pourtant nous en avons la certitude intérieure, intuitive ; nous sommes émus par une telle conjonction comme nous le sommes par une harmonie d'ordre esthétique : et qui saurait percer les mystères de la conjonction et du rythme, que nous percevons intuitivement, mais qu'en l'occurrence nous ne pouvons définir, faute de termes assez subtils ? De même, qui saurait expliquer le rapport de l'expérience visuelle avec l'expérience psychique ? Ce qui est appréhendé par le regard ne peut sûrement pas avoir de rapport avec ce qui est vécu par l'esprit. Et combien vagues sont tous ces termes : « spirituellement », « affectivement », « intellectuellement » ; que veut dire tout cela en réalité ? Nous allons à tâtons, en sachant que quelque part, là, tout près, se trouve finalement la combinaison satisfaisante. Cependant, par la grâce d'un rythme, d'un motif, d'un jeu d'ombre et de lumière, des éléments étranges produisent, à se trouver ensemble, une harmonie naturelle, ce qui donne à penser qu'à un certain niveau, la partie s'inscrit probablement dans le tout.

M'appuyant sur Karnak, je me dis qu'une œuvre d'art n'était autre que la volonté de produire au moyen d'artifices ce genre d'harmonie qui, dans la nature, n'apparaît que par accident et grâce à des circonstances fortuites telles que celles dont jouissait ce lieu à ce moment même, alors que le clair de lune projetait partout des ombres et que, dans le ciel, des constellations bien connues se penchaient sur le site d'un air désabusé. Ainsi donc, l'architecture n'était pas, ne pouvait pas être un art pur, puisqu'elle dépendait forcément d'éléments naturels et accidentels. Mais on ne pouvait nier qu'architecture et nature fussent d'étonnantes alliées. J'avais souvent réfléchi à ce lieu commun énoncé par les architectes que la valeur esthétique d'une construction ne dépend nullement de son site, pas plus qu'une toile ne dépend de son cadre, et je comprenais moins que jamais. Surgissant du sable et des rochers avec ses colonnes semblables à de gigantesques palmiers et ses chapiteaux comme des lotus épanouis, Karnak offrait un puissant démenti à cette théorie. On eût dit un monstre superbe installé en Égypte, rendu plus magnifique encore par tout ce que l'Égypte avait à donner. Un obélisque qui se dressait au milieu du désert était assurément mis en valeur grâce au contraste de sa ligne élancée et des vastes étendues arides qui l'entouraient ; dans mon ignorance, je m'enlisais avec morgue, mais tout de même avec confusion, dans des problèmes qui me dépassaient. J'avais l'impression, depuis que je m'étais embarquée dans ce voyage, de ne plus me livrer qu'aux plaisirs primitifs de la sensation. En principe, je le savais, j'étais quelqu'un d'assez cultivé, capable de soutenir des théories sur divers sujets ; or, désormais, quand je faisais appel à la théorie, celle-ci se comportait comme un chien mal dressé qui, au lieu de venir quand on le siffle, renifle des senteurs nouvelles et délicieuses dans les haies, lève un oiseau, essaie de l'attraper en sautant, et retombe sur ses quatre pattes la gueule pleine de plumes. Comme le voyageur de Kinglake, je ne pouvais pas décrire les objets tels que je les connaissais, mais tels qu'ils m'apparaissaient – et je pourrais ajouter que je leur attribuais toutes sortes de propriétés qu'assurément ils ne possédaient pas réellement.

À me promener dans Karnak, je me serais crue dans une des prisons de Piranèse, soudain solidifiée en pierre et agrandie à des dimensions réelles, héroïques même. Au-dessus de ces ruines fabuleuses, des obélisques pointaient vers le ciel ; la colonnade colossale s'élançait dans les airs, la base plongée dans une ombre profonde, la tête dressée vers la lune ; des flèches de lumière venaient frapper les colonnes, le sol était jonché de brocarts d'argent. De larges rayons lumineux traversaient l'énorme temple noir de part en part. Plus loin, un vaste espace encombré d'ouvrages de maçonnerie en ruine s'étendait à découvert. Des ouvertures ténébreuses, des portiques, des enfilades de colonnes, des blocs de pierre ; des obélisques, des statues de pharaons, les unes debout, les autres prostrées à terre ; plus loin encore, au-delà de cette désolation splendide, retentissait le coassement aigu des grenouilles. De quelque côté qu'on se tournât, ce temple, cette gravure d'un génie en folie, offrait un aspect nouveau, tantôt plein de beauté, tantôt inspirant l'effroi ; amoncellement d'ombres, ou envol superbe vers la lumière. L'esprit en était écrasé, car ce n'était pas l'esprit humain qui avait conçu ce temple comme il apparaissait maintenant, mais des facteurs qui échappaient à l'homme, tels que le temps sur la terre ; et, dans le ciel, la mécanique céleste qui, une fois encore, ramenait la lune au-dessus de ce lieu. Mais de ces ombres terribles surgit soudain une voix humaine, pressante, et qui voulait se faire entendre. « J'ai un jumeau », dit la voix.

Me retournant, je vis, debout à mes côtés dans une flaque de lumière, un personnage noblement drapé dans sa robe. C'était mon drogman, un jeune Bédouin à la belle et fière allure. Il était dans un état d'excitation extraordinaire, incapable, semblait-il, de se contenir, et de résister à l'envie de communiquer la nouvelle à quelqu'un. « J'ai deux mois de plus que mon frère », dit-il, les yeux étincelant d'orgueil. « Ma mère a gardé mon frère deux mois de plus que moi. Et mon père m'a donné deux nourrices », dit-il en arrondissant ses mains sur sa poitrine de façon suggestive, « il m'en a donné deux, oui, tellement il était content que je sois venu si tôt. Mon père ne regarde jamais mon frère, il ne voit que moi. Quand il mourra, je serai chef de notre village. J'ai trois récoltes par an ». Il se tut pour grimper avec agilité sur les pierres effondrées d'une sorte de chaussée des Géants où il s'arrêta un instant, sa silhouette élancée dans sa robe souple se détachant sur le ciel. « Écoutez ! » s'écria-t-il en tapotant un monolithe couché à terre. Il en sortit une note semblable à celle d'une corde métallique que l'on pince. Il eut un rire ravi, comme si le son émis par le bloc de granit était à l'unisson de son exaltation et de sa vanité naïve.

CHAPITRE 2

EN ROUTE POUR L'IRAQ

1

Vu du désert par quelque Bédouin égaré, notre retour de Louqsor au Caire dut donner l'impression d'un voyage triomphal au milieu de la nuit, car le wagon-restaurant prit feu et nous suivit sur les rails comme la queue d'une comète. Le train s'arrêta une fois, certes, et on fit quelques timides efforts pour éteindre l'incendie, mais ceux-ci s'avérant sans effet, nous repartîmes en espérant que tout s'arrangerait au mieux. Mon beau drogman avait affreusement peur ; il ne pensait plus à son jumeau, ni à ses prouesses de chasseur, et il affirmait que le wagon serait bientôt « couché sur le flanc ». De plus, disait-il encore, les voleurs avaient l'habitude de mettre des blocs de pierre en travers de la voie pour arrêter le train et dévaliser les voyageurs qui réchapperaient à l'accident. D'après lui, le mécanicien que nous avions était un fou qui foncerait sur n'importe quel obstacle plutôt que de courir le risque d'être accusé de complicité avec les voleurs. Ce mécanicien, je l'avais vu ; c'était un Noir, petit, avec un foulard rouge noué autour de la tête ;

il avait quitté sa locomotive pour venir voir les employés essayer d'éteindre le wagon-restaurant en feu ; il avait un air des plus méprisants, et une cigarette pendait à ses lèvres ; les flammes éclairaient son visage sombre, couvert de graisse, et il avait répondu dédaigneusement à toutes les questions inquiètes. Je finis par persuader Nasr de regagner son compartiment, ce qu'il fit, disant qu'il préférait dresser un chameau dangereux plutôt que de remonter dans un train. Cependant, comme il ne se passa rien et que nous arrivâmes au Caire sains et saufs le lendemain matin, il oublia ses craintes et il me supplia de l'emmener en Perse. Il avait vu la France, l'Angleterre, l'Espagne et l'Italie ; il avait dit à son père qu'il ne se marierait que lorsqu'il aurait vu le monde entier ; ne voulais-je pas l'emmener en Asie, afin qu'il puisse plus vite prendre femme ? Il eut l'air déconfit quand je lui dis que c'était impossible, mais bientôt son visage s'éclaira à nouveau. À défaut, est-ce que j'accepterais de lui envoyer un paquet de cartes postales (en couleurs) de la maison de Shakespeare à Stratford ? Cela, je pus le lui promettre, et, comme le train quittait la gare du Caire, il se mit à courir à côté de mon wagon en m'expliquant qu'il avait laissé dix-huit pence à la boutique de cartes postales à Stratford, mais qu'on ne lui avait jamais envoyé les cartes... mais à ce point nous arrivâmes au bout du quai, et je ne vis plus que sa robe blanche agitée par les signes d'adieux qu'il faisait en regardant partir ce train qui aurait pu l'emporter vers des destinations désirées.

C'était un homme fort élégant, et il me manqua. Ses bagages étaient pour moi un mystère, car apparemment il n'avait avec lui qu'un rouleau de couvertures, et pourtant chaque jour à Louqsor il avait exhibé des tenues nouvelles, encombrantes, du vert, du violet, du blanc, des écharpes brodées de fils d'or, et des babouches de cuir violettes et jaunes. J'aurais bien voulu connaître sa recette. Mes propres bagages s'étaient, à ce stade, considérablement accrus, et mon stock d'étiquettes orange diminuait ; j'avais acquis un phonographe, une glacière, et un grand sac de toile pour y mettre mon surplus de livres. Le phonographe et la glacière, c'est au Caire que j'avais accepté de m'en charger pour qu'ils ne soient pas jetés dans le Nil ; comme ils avaient déjà parcouru le Tibet à dos de yak avec quarante-sept autres bagages, je trouvais dommage d'interrompre leur carrière.

Avec tout cet attirail, j'arrivai à Port-Saïd ; j'appris que le bateau avait du retard ; je dormis dans un hôtel au bord du quai et me réveillai le matin suivant pour trouver le paquebot à l'ancre sous mes fenêtres.

2

Dans les délais voulus, nous parvînmes à Aden, qui, de tous les avant-postes de l'empire, me parut le plus triste et le plus déplaisant, malgré ce que m'en avait dit à bord un vieux militaire, pour qui « ça n'était pas si mal que ça – on pouvait pratiquer le polo à peu de frais et chasser le lion en Somaliland ». J'espère que les régiments qui y sont en garnison trouvent là quelque compensation à leur malheur ; pour ma part, j'aimerais autant m'offrir en pâture aux requins que de vivre dans cet enfer aride et salé. Que Rimbaud ait supporté cet enfer, qu'il ait supporté l'hôtel de l'Univers, c'est dire la réalité des horreurs de ce lieu ; car, avec cette perversité qui le fit renoncer à la littérature à l'âge de dix-neuf ans, on pouvait s'attendre à ce qu'il s'infligeât précisément de séjourner dans la partie du monde la plus repoussante qu'il pût trouver. Néanmoins, cette journée à Aden ne manqua pas de style à sa façon, si l'on peut prétendre que le style dépende d'une pertinente exagération ; ce fut une journée grotesque, cauchemardesque. Des Parsis avec qui je m'étais liée d'amitié sur le bateau m'engagèrent à descendre à terre ; nous fûmes enlevés en vedette par un très vieux marchand parsi fort distingué en chapeau noir soyeux, qui mit à notre disposition pour la journée son secrétaire, un jeune homme hautain, à la peau foncée, en pantalon de coutil blanc, et sa voiture. C'est dans cette vieille guimbarde que nous fîmes, à une allure folle, et par un vent déchaîné, le tour complet de cette région sans charme. On nous emmena d'abord voir cet ensemble de citernes, vastes puits en ciment qui remontent à une époque inconnue et inspirent un effroi dantesque, situé au débouché d'une gorge étroite entre les collines, et conçu pour garder l'eau dans une région où aucune rivière ne coule et où la pluie tombe une fois tous les dix ans ; on voyait en effet au fond de l'une d'elles – la plus grande – une mare verte d'eau stagnante, mais à part cela, leurs parois de béton à découvert et à sec n'évoquaient rien tant que la fosse aux ours du zoo, sauf qu'au lieu d'ours, s'y trouvaient deux garçonnets noirs tout nus qui se tambourinaient sur le ventre avec les poings en produisant un son étrange, et qui ne cessaient de répéter :

« si vou plaît, moi pas d'père, moi pas d'mère », en s'adressant au groupe d'étrangers qui les regardait d'en haut. Quelques soldats écossais avaient un air particulièrement incongru dans ce tableau, à contempler avec mélancolie ces citernes qu'ils avaient sûrement déjà vues des dizaines de fois ; des kilts à Aden ! Nous y sommes si habitués que nous ne les voyons plus, mais qu'on soumette un kilt au regard d'un étranger et qu'on observe l'effet produit ; n'est-ce pas Mme de Noailles qui parle avec tant d'admiration du *« miroitement des genoux roses*[1] *»* ? Nous laissâmes là les soldats écossais, dont le regard mélancolique se portait maintenant sur nous autres, heureux oiseaux de passage, alors qu'eux devaient rester sur place ; nous remontâmes en voiture et repartîmes à la même allure folle, pour plonger dans les entrailles de la terre cette fois, nous engageant dans un long tunnel au son d'une sirène hurlante, faisant fuir des chameaux et des Somalis rasés sur notre passage, pour ne trouver à la sortie qu'un paysage encore plus hideux que tous ceux que nous avions déjà vus. Un paysage parfaitement plat et désolé, blanchi par de grandes plaques de sel. Il est peu de manifestations naturelles qui soient totalement laides, mais le sel en est une. Il recouvre le sol comme une sorte de lèpre, et on finit par douter du sens élogieux de l'expression « le sel de la terre ». C'est en vain que nous protestâmes que nous n'avions nulle envie de voir les salines ; le jeune secrétaire hautain savait ce qu'il voulait, et, en se prélassant à côté du chauffeur, il lui intima de poursuivre sa route d'un petit geste de la main,

1. En français dans le texte. (*N.d.T.*)

tandis qu'à l'arrière nous nous accrochions à nos chapeaux tout en essayant de ne pas nous faire jeter hors de la voiture. Après un parcours qui nous parut interminable, nous arrivâmes aux salines ; le sel donnait à l'air un goût d'amertume ; de gros tas de sel blanc se dressaient comme des rangées de tentes ; des moulins à vent désaffectés tendaient leurs ailes immobiles. Le secrétaire nous invita à admirer ; nous lui sûmes gré de nous laisser souffler un instant ; nous secouâmes nos vêtements et nous frottâmes les yeux pour essayer de nous débarrasser de la poussière. À n'en pas douter, on allait enfin nous laisser revenir à Aden. Pas du tout, il nous fallait maintenant visiter un certain jardin. On nous dépêcha jusque-là sans vergogne, en passant par un village somali ; entrant par un côté et ressortant par l'autre, nous traversâmes le jardin comme l'éclair ; puis nous repartîmes en direction d'Aden, prenant les virages à toute vitesse et descendant les côtes en trombe, et pendant tout ce temps un vent chaud balayait la poussière en hurlant et soulevait des nuages de sable qui nous cinglaient le visage. Mazeppa lui-même ne connut pas un parcours plus affreux. Seul le secrétaire avait l'air satisfait. Nous arrivâmes en ville, et déjà nous songions aux cabines paisibles de notre navire à l'ancre, quand la voiture s'arrêta brutalement devant un garage Ford où nous fûmes invités à descendre. Trop abasourdis désormais pour offrir une quelconque résistance, nous suivîmes le secrétaire dans la cour, où se trouvait une quantité de ferraille et de camions hors d'usage. Était-ce là une des curiosités d'Aden ? « Des lions », fit observer le secrétaire avec fierté, et en effet, au milieu des camions et de tout le bric-à-brac, il y avait bien deux lions galeux dans une cage extrêmement petite. Consciencieusement, nous accordâmes notre attention à ces deux pauvres bêtes dont le regard, comme chez tous ceux de leur espèce, était fixé au loin en direction de leur Afrique natale ; le secrétaire s'attarda près de la cage, un sourire condescendant aux lèvres. Nous n'en avions pas encore fini avec lui, car il nous emmena chez son maître avec autorité. Après les citernes, le tunnel, le vent, le sel et les lions, c'était un lieu agréable, et qui aurait pu servir de décor à un roman de Conrad. Au rez-de-chaussée, une boutique d'apothicaire, basse, sombre, pleine de senteurs ; à l'étage, des pièces hautes de plafond et bien aérées, au sol de marbre, avec des maquettes de bateaux dans des vases de verre, des bouquets d'herbes aromatiques accrochés en festons au-dessus du linteau des portes, de grands livres un peu partout sur les tables. C'est là, après une de ces attentes peu agréables pendant lesquelles, parce qu'on est dans la maison d'un inconnu, on s'exprime à mi-voix, c'est là que le vieux Parsi nous rejoignit. Cette fois il était accompagné de sa petite fille, une enfant au visage jaune qui portait sur ses cheveux noirs une petite coiffe ronde semblable à une brioche dorée. Le secrétaire se prélassait à la porte, en suçotant le pommeau de sa canne. Des serviteurs indiens, les pieds nus, apportèrent du thé et des petits gâteaux. La conversation ne fut pas très facile ; nous n'avions pas envie de porter des jugements sur Aden devant ce vieux prince marchand qui, en vertu de sa richesse et de son importance dans la ville, pouvait à juste titre se prévaloir du nom d'Adenvala, et qui tournait sa cuillère dans son thé, assis là, les yeux baissés, les commissures de sa bouche froncées par un sourire mystérieux. Nous pûmes tout juste admirer sa photo du prince de Galles, ainsi qu'une photo de groupe un peu passée prise à bord de l'*Ophir*, tandis qu'en vieux marchand cynique et rusé, il exprimait sa loyauté aux couleurs britanniques.

J'espère ne jamais avoir de raison de me dire Adenvala. Ce soir-là, penchée au-dessus du bastingage, tandis que mouettes et faucons tournoyaient avec des cris farouches en se disputant les détritus du bateau, je me demandais si je reverrais jamais Aden, ses citernes et ses lions, et ce M. Kaikobad Cavasjee Dinshaw Adenvala. Du moins décidai-je de ne plus jamais aller en Perse par cet itinéraire si je pouvais faire autrement.

3

Pour qui ignore tout des principes de la navigation, il semble miraculeux qu'après quatre jours de traversée d'étendues marines apparemment non identifiables, le bateau touche avec une telle exactitude à de lointains rivages à l'endroit précis de la barre pourtant étroite d'un port. Que tôt ou tard, à l'aide du compas, il touche à quelque point de la côte de l'Inde, voilà qui semble assez plausible, mais qu'il se glisse ainsi sans la moindre erreur entre les balises flottantes du port de Bombay, cela demeure un de ces mystères dont aucune explication ne viendra jamais à bout. Je n'en crus pas mes yeux quand, un matin, à quatre heures, me réveillant au milieu d'un calme étrange et regardant par mon hublot, je vis, au lieu du rond de mer habituel, les lueurs écarlates de l'aube derrière une rangée de collines. De petites embarcations mouchetaient les eaux ; des milans en survolaient la surface tranquille ; des lumières jaunes bordaient la côte ; des agrès se dessinaient sur le ciel embrasé. Voici donc qu'on retrouvait la terre, une terre non encore éveillée, indifférente au bateau qui gagnait ainsi clandestinement son point d'amarrage pendant les heures de sommeil, avant la reprise des activités du petit jour. Ainsi finalement la carte avait dit vrai, il y avait bien un continent de l'autre côté de cet océan interminable ! Je m'étais si vite habituée à monter sur le pont à l'aube pour contempler le jour se lever sur une étendue d'océan qui pouvait parfaitement être la même un matin après l'autre, que je regardais maintenant avec étonnement les quais et les bâtiments et cette masse du continent indien qui apparaissait au-delà de l'amphithéâtre du port.

4

Curieusement, je me souviens fort peu de l'Inde ; j'ai l'impression maintenant de n'y être jamais allée ; seules certaines choses se détachent, mais séparées, comme si je les avais vues par un trou découpé dans un masque qui m'aurait caché la masse énorme de leur environnement, et m'en aurait laissé une image nette mais isolée. Un pont sur un fleuve, tout encombré de bétail ; des cornes, des visages patients ; une marée animale ; je vois les conducteurs du troupeau brandir et abattre leur bâton sur le dos des buffles au rude pelage gris ; je vois se retourner les têtes à cornes, douces, prêtes à obéir sans comprendre ;

au-dessous, je vois le fleuve qui scintille, et des bancs de sable d'une blancheur étincelante ; et puis à nouveau le pont ombreux, avec cette multitude qui avance lentement, comme si on conduisait à l'abattoir tous les troupeaux de la terre. Puis je vois une longue route au crépuscule, une route bordée d'arbres, et un chacal surgi des broussailles me regarde. Et puis une ville rouge qui s'étale sur les flancs d'une colline ; et dans cette ville, des perroquets verts au cri perçant, et des singes ; et le corps brun et cambré d'un homme qui tombe d'une très grande hauteur dans un bassin d'eau verte. Une ville rouge, et le génie d'Akbar ; une ville blanche, et le génie de Lutyens ; l'Empire moghol, et l'Empire britannique. Mais rien de tout cela ne se rattache à l'Inde, qui est trop vaste, trop variée pour qu'on puisse la saisir dans son ensemble, de sorte que seuls des détails font surface. Je sais que pendant deux jours et deux nuits j'ai voyagé enfermée dans une sorte de caisse étouffante aux fenêtres enfumées, qui était un wagon de chemin de fer, mais que je pris pour le Cachot de Calcutta monté sur roues, regardant défiler, par les portières, des étendues immenses qui, dans les plaines, ressemblaient, à ma déception, à des parcs anglais, mais qui s'élevaient ensuite à travers le Bhopâl jusqu'à Gwalior par une trouée dans la jungle, enjambant des ravins et longeant des collines en forme de pains de sucre carrés ; penchée au-dehors, je voyais, à l'arrière, le long serpent du train, et une forêt de jambes et de bras bruns qui pendaient aux portières pour se rafraîchir ; et cela aussi, c'était l'Inde, mais presque à mon insu, j'étais de retour dans le port de Bombay, sur un autre bateau, en partance vers le nord, pour Karachi et le golfe Persique.

5

Désormais, je voyais mon périple comme une série de lignes traversant la carte en zigzag : un grand trait vers le sud, jusqu'à Aden ; un grand trait vers l'est, jusqu'à Bombay – deux lignes presque toutes droites, auxquelles allait maintenant s'ajouter un grand trait vers le nord-ouest jusqu'à Bagdad, ligne brisée de plusieurs angles obtus, et enfin une ligne plein est, braquée vers l'Asie comme le rayon lumineux d'un projecteur. C'étaient de longs traits fins, pas plus épais que ceux que l'on trace avec une pointe sèche.

Je m'étais réjouie à l'idée de remonter le golfe Persique en bateau. Il est des lieux que leur nom charge d'un pouvoir évocateur, et celui-ci en était un ; le nom français avait quelque chose d'un peu insolite : *le golfe Persique.* Pourquoi *persique*, et pas *persan* ? Je m'imaginais que je verrais des pêcheries de perles, et les extraordinaires tertres funéraires phéniciens de Bahreïn ; j'énumérais tous les noms des ports : Muscat, Ormuz, Koweït, Bunder Abbas, Bushire. Et c'était un des lieux les plus chauds du globe ; si torride, disaient ses habitants, qu'une simple feuille de papier y séparait l'homme de l'enfer. À cette époque de l'année, il n'y ferait pas chaud, mais la chaleur à venir ne manquerait pas de s'y faire sentir comme une menace, une chose inévitable, attendue avec effroi ; le terrible été à venir, et tous les étés passés déjà endurés.

Plus j'y pensais, plus tout cela fermentait dans mon imagination, au point que finalement la pensée du Golfe me mettait dans un état d'agitation superstitieuse. Cette mer enfoncée comme un coin entre l'Arabie et la Perse, ce lieu de fièvre, de perles et de moussons.

Mais, comme il arrive le plus souvent quand on se réjouit à l'avance, le Golfe fut une déception. Non seulement une déception, mais un cauchemar. D'une part, je m'étais donné une entorse la veille de l'embarquement à Bombay, et ce n'est pas un plaisir d'arpenter les coursives et de monter et descendre les escaliers d'un bateau sur deux béquilles avec un pied en suspens. Cela, pourtant, j'aurais pu le supporter ; mais nous n'étions pas en mer depuis vingt-quatre heures que ma température monta à quarante. Il faisait très chaud et très humide. Couchée dans ma cabine minuscule, je voulais mourir. Un petit steward noir en pantalon de coutil blanc m'apportait du jus de citron ; c'était un gentil petit bonhomme, qui ne quittait jamais ma cabine sans se retourner pour faire une courbette avec un « désolé » cérémonieux, mais il apparaissait à mon esprit déréglé comme un personnage sinistre qui semblait sorti d'un roman de Conrad, avec son visage et ses mains noirs, ses habits blancs, et son éternel verre de jus de citron hérissé de ses deux pailles. C'est pourtant le seul être humain que je vis pendant trois jours, sauf la fois où je me traînai sur le pont pour regarder les passagers hindous de troisième classe jeter des noix de coco dans la mer afin d'obtenir les faveurs d'une divinité dont on apercevait vaguement le temple à l'horizon. C'était avant d'arriver à Karachi, notre port d'escale, où nous tournâmes enfin le dos à l'Inde. Je ne sais trop pourquoi je m'étais mis en tête que j'avais la diphtérie et qu'il faudrait me débarquer à Karachi pour que j'y meure à l'hôpital. Quel ne fut donc pas mon soulagement d'entendre qu'on levait l'ancre et que les machines vrombissaient à nouveau, et de savoir que, pour le meilleur ou pour le pire, on était maintenant obligé de m'emmener jusqu'à Bassora. Telles étaient mes imaginations absurdes et désespérées. Quoi qu'il en fût, les jours s'écoulaient, dans le brouillard du sommeil et de la fièvre ; mes trois principales distractions étaient de prendre ma température, qui variait de façon aberrante, de me gargariser, et d'examiner ma cheville, regrettant, avec un brin d'affectation, de n'avoir personne à qui la faire admirer, car désormais elle arborait toutes les couleurs d'un coucher de soleil tourmenté. Au bout de quatre jours, je décidai que j'en avais assez d'être malade ; je brisai mon thermomètre ; je m'habillai ; et puis, toute faible, maigre, et épuisée par la chaleur, je montai sur le pont en boitillant. Notre petit bateau avançait sur une mer grise et paisible. Les falaises roses du Baluchistan s'étiraient le long de l'horizon. Je pris une chaise longue, une plume et du papier, et je commençai ce livre.

6

La fièvre aiguise l'esprit et affine les perceptions ; la solitude aussi a ce bon effet. Je n'avais personne à qui parler que le capitaine, un Écossais jovial qui acceptait son sort avec la philosophie coutumière chez ces hommes-là. Oui, certes, me dit-il, il pouvait faire assez chaud dans le Golfe ; et la mousson, c'est vrai, vous débarrassait de la poussière un bon coup. « Mais c'est étonnant, ajouta-t-il, qu'un bateau tellement maltraité par la mer s'en sorte aussi gaiement. » La vie en mer porte au réalisme plutôt qu'au lyrisme. Les marins, comme les membres d'une même famille, ont une tournure d'esprit commune, et ce capitaine m'en rappelait un autre qui, en me rendant un exemplaire de *Typhon* qu'il m'avait emprunté, me dit simplement : « Apparemment, ils ont trouvé un peu de gros temps. » Cependant, mon capitaine dut retourner sur son pont, et je me retrouvai livrée à moi-même. Il n'y avait pas grand-chose à regarder : c'est à peine si l'on apercevait le Baluchistan, qui ressemblait davantage à un long nuage rose et bas qu'à la terre ferme, et nous n'avions pas même la perspective de voir des choses intéressantes dans les jours à venir, car le capitaine m'annonça que nous devions traverser l'étroit golfe d'Oman pendant la nuit. On dirait que les bateaux prennent un malin plaisir à passer pendant les heures nocturnes aux endroits où quelque chose pourrait attirer la curiosité des passagers. Alors ma main se mit à courir sur le papier, couvrant des pages et des pages, tandis qu'une bande de marsouins suivait le bateau, en faisant mille cabrioles, car ils cherchent toujours l'anneau qui tomba du doigt de Salomon dans le golfe Persique. Bientôt le capitaine revint et me montra la côte. « La Perse », dit-il d'un ton laconique.

7

Les deux jours qui suivirent, nous eûmes un temps froid et mauvais ; on ne voyait pas la terre ; on se serait cru en mer du Nord plutôt que dans le golfe Persique. Ma fièvre fit rage à nouveau. Mais j'étais si exaltée que je ne m'en souciai pas : j'avais commencé un livre, et j'avais vu la Perse. Comme je ne verrais sans doute pas les perles de Bahreïn, je me consolai avec celles de Proust, qui ne manquaient pas sur la gorge blanche de la duchesse de Guermantes ; je fouillai dans mon sac de toile pour en extraire ces volumes de piètre apparence qui m'avaient valu des regards si noirs quand je les avais étalés autour de moi sur le pont du P & O ; car si le pasteur et la colonelle savaient assez de français et avaient assez de culture biblique pour comprendre les titres, je doute qu'ils eussent jamais entendu parler de Proust ; quoi qu'il en soit, je ressortis mes volumes et me plongeai dans ce monde brillant, si réel dans son irréalité. Lire Proust dans le golfe Persique, avec le récit de ces grandes réceptions, est une expérience que je recommande, un paradoxe apte à satisfaire le goût le plus difficile. En fait, j'en vins à penser que tout livre devrait être lu dans le cadre le plus incongru qui soit, car alors il impose au lecteur sa propre unité de façon saisissante, quand celui-ci revient dans son propre monde ; ainsi quand je passai d'un bal à l'hôtel de Guermantes à la petite salle à manger du *Varela*, le monde de Proust me parut plus réel que le bateau, et je me demandai avec perplexité où j'étais véritablement.

Puis nous parvînmes à Mohammerah, et, avec d'autres bateaux, nous attendîmes devant la barre de pouvoir remonter le Chatt Al-Arab. C'était la tombée de la nuit ; les lumières des bateaux s'allumèrent les unes après les autres sur cette vaste étendue d'eau ; derrière les palmeraies, le ciel paisible était strié de rouge et d'orangé ; à nouveau, l'accostage du bateau semblait tenir du miracle, encore que cette fois, tout en haut d'une mer étroite, le miracle fût moindre qu'après l'immensité opaline de l'océan Indien. Nous attendîmes donc un peu à l'entrée de l'Iraq, les machines à l'arrêt, dans un calme semblable à celui d'une lagune. Lentement, nous remontâmes le fleuve ; il faisait sombre maintenant, et le chenal était étroit : une côte basse, où abondaient des palmeraies de dattiers, entre lesquels le bateau glissa toute la nuit ; de temps à autre je me levais et regardais par le hublot, mais je ne voyais rien au-delà de l'épaisseur des grands arbres qui formaient une muraille opaque le long des rives, mais dont les palmes s'agitaient doucement sur le fond clair du ciel.

8

De Bassora à Bagdad, le train traverse le désert en ligne droite ; jaune, hideux, et aussi plat que la mer, le désert arrive tout au bord de la voie ferrée et s'étend à la ronde jusqu'à l'horizon, rompu seulement par des broussailles, quelques plaques de sel lépreuses, ou le squelette d'un chameau. À un endroit, une hauteur brise la monotonie : c'est l'Ur des Chaldéens. À part cela, il n'y a rien. À une des gares, un panneau indique : changement pour Babylone. Mais on ne voit pas Babylone du train. Je ne fus donc pas fâchée d'arriver à Bagdad à sept heures du matin pour entendre les cris qui accompagnent tout mouvement en Orient, et pour voir les chèvres se frayer un chemin entre les voies avec une simplicité pastorale. J'en avais assez de me débrouiller seule, et je n'avais plus qu'une envie : oublier le golfe Persique et Bassora le plus vite possible ; Bagdad, pour moi, ce n'était pas les mille et une nuits, mais le charme bien plus grand et plus réconfortant de retrouvailles entre amies.

C'était une chance, car quiconque va à Bagdad pour le charme de la ville sera déçu. Le Tigre traverse la ville de son flot jaune et rapide, et les maisons qui bordent les rives partagent avec toutes les maisons bordant un cours d'eau un pittoresque inévitable ; quant aux chaloupes d'osier rondes qui vont d'une rive à l'autre avec leur charge de balles et d'ânes et tournoient dans le courant, franchement inaptes, dirait-on, à la navigation, elles ont certes un caractère particulier ; mais pour le reste, Bagdad est un fouillis poussiéreux de bâtiments minables reliés par des rues atroces, véritables bourbiers par temps de pluie, et, par temps sec, criblées de cratères et de trous, où un fermier anglais hésiterait peut-être bien à faire passer une charrette. Mais à Bagdad, les automobilistes n'y regardent pas de si près. Des Ford, cabossées, défoncées, le pare-brise cassé, et n'ayant plus une trace de peinture, dévalent les rues en bringuebalant à grands coups de klaxon, tandis que chameaux, ânes et Arabes s'écartent du passage du mieux qu'ils peuvent : en Orient, il n'est pas de rue qui ne soit carrossable. J'ai été stupéfaite par les rues de Bagdad, je l'avoue, surtout quand nous nous sommes écartés de la rue principale pour rouler entre de hauts murs aveugles, le long d'une piste encore parsemée de souches de palmiers récemment abattus ; la terre n'étant pas sèche à cet endroit, la voiture chassait et dérapait, heurtait une souche, puis retrouvait le droit chemin, avançait avec un bruit d'enfer, et défiant les lois de l'équilibre, penchait à tel point que, si nous avions été en Angleterre, notre voiture, plus conformiste, aurait versé.

Et puis : une porte dans le mur, un arrêt brutal, des gonds qui grincent, un domestique au large sourire, des chiens qui accourent, une allée de jardin bordée d'œillets en pots, une petite véranda et une petite maison basse au bout de l'allée, une voix anglaise – Gertrude Bell.

J'avais fait sa connaissance à Constantinople, où elle arrivait tout droit du désert, avec toutes les robes de soirée, l'argenterie et le linge de table qui ne la quittaient jamais au cours de ses pérégrinations ; puis je l'avais revue en Angleterre ; mais c'est ici qu'elle était vraiment chez elle, en Iraq, dans sa maison, avec son bureau en ville, son poney blanc dans un coin du jardin, ses domestiques arabes, ses livres anglais et ses tessons de poteries babyloniennes sur le dessus de la cheminée, son long nez fin et sa vitalité irrésistible. En un instant, je sentis disparaître le poids de la solitude et du désespoir. Avait-il fait très chaud dans le Golfe ? Ah vraiment ? j'avais eu de la fièvre ? Mais la quinine allait arranger cela. Et je m'étais fait une entorse – quelle malchance ! Est-ce que je voulais commencer par déjeuner ou par prendre un bain ? J'aurais sûrement envie de voir son musée, non ? Est-ce que je savais qu'elle était « Directeur des Antiquités en Iraq » ? Quelle plaisanterie ! Est-ce que j'aimerais aller prendre le thé chez le roi ? Oui, il y avait un tas de lettres pour moi. Je la suivis dans l'allée en boitillant ; elle ne cessait de parler, tantôt à moi en anglais, tantôt en arabe à ses domestiques empressés. Elle avait le don de susciter aussitôt l'empressement de tous, de vous faire sentir que la vie était pleine de richesses et d'intérêt. Je me surpris à rire pour la première fois depuis dix jours. Le jardin était petit, mais frais et accueillant ; l'épagneul remua la queue et tout son petit corps avec ; le poney passa la tête par la porte de son box et hennit doucement ; une perdrix apprivoisée sautilla dans la véranda ; des bébés indigènes qui jouaient dans un coin s'interrompirent pour nous regarder en souriant. Un grand lévrier arabe gris sortit de la maison en donnant des coups de queue contre les piliers de la véranda ; « J'en veux un comme ça, dis-je, pour l'emmener en Perse avec moi. » C'était la vérité, mais je n'avais pas pensé que Gertrude serait si prompte. Elle se précipita sur le téléphone, et, pendant que je versais de la crème sur mon porridge, je l'entendis qui donnait des explications – une de ses amies venait d'arriver... il lui fallait un lévrier du désert immédiatement... elle partait pour la Perse le lendemain... il fallait lui envoyer un choix de lévriers le matin même. Puis elle reprit sa place sur sa chaise, et me mit au courant de tout : la situation de l'Iraq, les fouilles d'Ur, le besoin d'un musée convenable. Quels nouveaux livres avait-on publié ? Que se passait-il en Angleterre ? Les médecins lui avaient dit qu'elle ne devrait pas passer un autre été à Bagdad, mais que ferait-elle donc en Angleterre, à ronger son frein loin de l'Iraq ? L'année prochaine peut-être... je ne pouvais tout de même pas lui dire qu'elle avait l'air malade ? Eh bien si, je le lui dis. Elle écarta ma remarque en riant. Puis, se levant d'un bond – car tous ses mouvements étaient rapides et impatients –, elle me proposa de prendre un bain si j'avais fini mon petit déjeuner. Il fallait qu'elle aille à son bureau, mais elle serait de retour pour le déjeuner. Ah oui, c'est vrai ! elle avait des invités pour le déjeuner ; et puis, tout en continuant à parler et à rire, elle épingla un chapeau sur sa tête sans même se regarder dans la glace, et elle prit congé.

Je pris mon bain – la maison était d'une rusticité extrême, et la baignoire une simple soucoupe en fer blanc posée par terre –, puis les lévriers du désert commencèrent à arriver. Ils entraient d'un pas traînant, tenus en laisse par des Arabes en robe de laine blanche qui souriaient d'un air penaud. Ayant maintenant la direction des opérations, je me sentis un peu prise au dépourvu, et, en attendant le retour de Gertrude, je les fis tous attacher aux piliers de la véranda, un véritable régiment de chiens du désert, des jaunes, des blancs, des gris, élégants, mais noirs de puces et pleins de tiques. Je n'osai pas les approcher, mais ils se couchèrent en rond sans rechigner et s'endormirent à l'ombre, et la perdrix alla les examiner en se pavanant autour d'eux sur ses jolies petites pattes roses. Gertrude revint à une heure, juste au moment où mon moral commençait à flancher à nouveau ; elle rit de bon cœur de voir cette collection de chiens que son message téléphoné avait fait apparaître (comme par miracle, me semblait-il), elle appela les domestiques, leur donna l'ordre de préparer un bain pour le chien que je choisirais, elle ôta son chapeau, posa quelques pensées sur la table du déjeuner, ferma les volets, et me fit la biographie rapide de ses invités.

C'était une hôtesse merveilleuse, et je sentis que sa personnalité soudait entre eux ces Anglais exilés et leur servait de point de ralliement, eux qui, par ailleurs, n'avaient en commun que de servir en Iraq. Ils paraissaient tous animés d'un zèle enthousiaste et constructif ; mais je ne pouvais m'empêcher de penser que, sans l'ardeur rayonnante de Gertrude Bell, ils eussent accompli leur mission par pure obligation plutôt qu'avec un tel empressement. Quel que fût le sujet qu'elle abordât, elle s'illuminait ; une telle vitalité était irrésistible. Nous fîmes des projets, hélas, pour mon retour à Bagdad à l'automne : nous irions à Babylone, nous irions à Ctésiphon ; d'ici là, elle aurait son nouveau musée. Quand elle repartirait en Angleterre, si vraiment elle était contrainte de partir, elle écrirait un nouveau livre... Nous continuâmes à parler ainsi, comme des amies qui ne se sont pas vues depuis longtemps, jusqu'au moment où les ombres s'allongèrent et où il fut l'heure, dit-elle, d'aller rendre visite au roi.

La résidence du roi était juste en dehors de la ville : misérable bâtisse en triste état de délabrement, le pavage de la terrasse soulevé par les herbes, le plâtre des murs écaillé et décoloré par de grandes plaques d'humidité. Le roi quant à lui était un bel homme, brun, grand et mince, qui avait l'air en proie à une mélancolie romantique, presque byronienne ; il ne parlait pas bien le français, et s'adressait à Gertrude en arabe quand le vocabulaire lui faisait défaut. Ils discutèrent du lino qu'il devrait faire poser dans la cuisine de sa nouvelle maison de campagne.

Puis on apporta le thé, et une espèce de pyramide de gâteaux extraordinaires qui ravirent Faysal, et ils se mirent à parler longuement des mérites de son nouveau cuisinier. Gertrude semblait au courant des moindres détails de sa vie domestique, aussi bien que du gouvernement de son royaume, et prête à accorder autant d'intérêt à l'un et à l'autre de ces deux domaines. La mélancolie du roi se dissipa avec les plaisanteries et les taquineries de Gertrude, et j'observai ce prince arabe et cette Anglaise qui, à eux deux, essayaient de construire une nouvelle Mésopotamie. « Nous sentons bien, voyez-vous, m'avait-elle dit, que nos efforts ne sont pas vains, nous sentons que nous créons, que nous construisons quelque chose » ; et malgré sa déférence à l'égard de la personne royale, malgré le « Sidi » qu'elle glissait incidemment dans la conversation, il n'y avait guère à se demander lequel des deux était le vrai génie de l'Iraq. Sur le chemin du retour, elle me parla de la solitude du roi ; « Il est heureux quand je lui téléphone pour m'inviter à prendre le thé », dit-elle. Je n'en doutais pas.

Chez elle, il y avait ceci de particulier qu'on se sentait faire partie de la maisonnée ; au bout d'une journée, j'avais déjà l'impression d'être au nombre des occupants habituels de la maison, comme l'épagneul, le poney et la perdrix (celle-ci dormit d'ailleurs dans ma chambre cette nuit-là, sur le dessus de l'armoire) ; je crois que Gertrude faisait preuve d'une telle énergie, d'une telle vitalité dans tout ce qu'elle accomplissait, qu'on ne pouvait pas manquer d'en ressentir une impression d'unité et de plénitude. Mais je n'étais qu'un oiseau de passage. Le lendemain soir je partis pour la Perse, par une nuit de pleine lune, le cœur réchauffé à l'idée de revenir dans cette petite maison accueillante, qu'en fait je ne devais plus jamais revoir. La chienne que j'avais fini par choisir était assise à côté de moi ; il fallait lui donner le nom de Zurcha, dit Gertrude, ce qui signifiait « la jaune » ; dans chaque café, on entendait braire un phono parmi le brouillard de fumée qui montait des narguilés. Ces intérieurs arabes éclairés et enfumés défilaient le long de ma route tandis que mon taxi se dirigeait vers la gare en cahotant ; mais, cramponnée à mes bagages qui bringuebalaient, je n'avais que faire de leur clinquant et de leur musique discordante. Ces Arabes, qu'étaient-ils pour moi, et qu'étais-je pour eux en cette brève occasion où nos destins se croisaient ? Eux dans leurs robes, nobles et sordides, avec leur vie impénétrable, et moi la voyageuse, sur le chemin de la gare ? Ils avaient le désert tout entier derrière eux, et moi l'Asie tout entière devant moi, Bagdad n'était qu'un point de mire, un dernier cri de la civilisation, où brillait cet esprit ardent, cette vie intense ; elle s'offrait à moi en cet instant – comme si je la voyais de haut – entre l'Arabie et l'Asie, à mi-chemin entre deux silences.

CHAPITRE 3

EN ROUTE POUR LA PERSE

1

Dieu sait combien Bagdad m'avait paru lointaine, à la gare de Victoria, ce matin de janvier ; mais maintenant, face à l'Orient, elle faisait presque figure de faubourg, et il me semblait que les grands espaces allaient seulement commencer à s'ouvrir devant moi. Ce train était le dernier que je devais voir ; pour la dernière fois, j'allais m'enfoncer dans la nuit avec le ballottement et le cliquetis familier du chemin de fer.

Un petit train minable, au demeurant, qui mit péniblement dix heures pour couvrir les cent cinquante kilomètres du parcours. De la plaine, il s'éleva dans les collines, et une aube glaciale le trouva à l'arrêt, fumant, à la tête de ligne. En Europe, on voit rarement la tête de ligne. Sauf en Angleterre, où, à certains endroits, le train n'aurait plus qu'à poursuivre sa course dans la mer ; on la voit à Douvres, et à Brighton – encore qu'à Brighton il y ait un embranchement partant à angle droit le long de la côte en direction de Worthing. Mais en Europe, c'est chose rare, à moins d'aller à Lisbonne ou à Constantinople. Même à Venise, ce n'est qu'une illusion, car le train, après une marche arrière, repart en tournant et s'en va joyeusement à travers les Balkans. On est habitué, une fois descendu et planté là sur le quai à côté de ses bagages, à voir l'éclat des rails fuir vers de nouveaux paysages. Mais à Khanaqin, il n'y avait pas de raison géographique pour que les rails s'arrêtent ; ils auraient pu continuer sur mille, deux mille, ou dix mille kilomètres, au lieu de terminer brutalement par deux butoirs.

L'air de la montagne à cinq heures du matin donne faim. Je trouvai la petite buvette occupée par un autre voyageur. C'était un homme corpulent, en tenue complète de cavalier – culotte de cheval, guêtres de cuir, et stick de chasse à la main. Il me recommanda le porridge, et nous liâmes conversation. Je proposai vaguement d'aller à pied jusqu'à nos voitures. « À pied ? dit-il, je viens déjà de parcourir à pied quinze mille kilomètres. » Je lui demandai si c'était son premier voyage en Perse. « *En Perse ?* dit-il. J'ai fait le tour du monde dix-sept fois. » À son accent, je le pris pour un Écossais, mais déclinant son nom, il me dit qu'il parlait vingt-cinq langues, et qu'il était belge, et marquis. Il était accompagné d'un secrétaire, un jeune homme muet, l'air tyrannisé, bardé d'appareils photographiques, de bouteilles Thermos et de jumelles. Je ne l'entendis pas prononcer une parole, et je ne pus deviner de quelle nationalité il était. Je le vis seulement avaler son petit déjeuner comme s'il ne savait pas quand il pourrait refaire son plein de victuailles. En quoi il me faisait penser au lévrier du désert qui, en vrai mercanti, envisageait l'existence de façon très directe : manger quand on peut et dormir quand on peut, car on ne sait jamais quand se présentera une autre occasion de prendre un repas et un peu de repos.

Il y eut du retard au départ, le retard habituel, et pendant ce temps, le ciel rosit derrière les collines, et une longue caravane de chameaux se mit en branle, s'éloignant sur le plateau d'un pas vacillant, et puis petit à petit le tintement de leurs cloches s'éteignit et leurs silhouettes insolites se firent plus noires et plus nettes au fur et à mesure qu'elles se détachaient en une longue file sur le ciel matinal. Puis le soleil se leva, la neige s'empourpra au loin sur les crêtes, la grisaille matinale avait disparu, le plateau tout entier était baigné de lumière. Cela m'exaltait de voir que la route menait droit vers l'aube ; « Le soleil se lève à l'est », avons-nous l'habitude de dire ; de cette formule creuse jaillissait un sens nouveau. C'était le soleil qui montrait la route. Assurément, voyager de par le monde est une affaire intimement liée à l'astronomie. Les étoiles que nous connaissons bien changent de place, ou même disparaissent ; L'Ourse fait des cabrioles, Orion grimpe plus haut. On prend conscience de la course du soleil. Chez nous, les phénomènes célestes passent et repassent au-dessus de nos têtes sans que nous prenions la peine de lever les yeux vers le spectacle que nous offre ce mécanisme régulier et prodigieux. Mais le voyageur, lui, est en éveil.

Devant la gare, les voitures attendaient, couvertes de boue, avec leur chargement ; et sur leur capot, peinte en blanc, on lisait l'inscription « COURRIER DU DÉSERT ». Elles venaient de Beyrouth, et cela se voyait. Le marquis s'affairait en faisant claquer son stick sur ses guêtres, comme la mouche du coche dans la fable. Je l'évitai, et je m'installai à l'avant de l'autre voiture, avec Zurcha, qui, malgré ses pattes aussi longues que celles d'un poulain, se ramassa sur un espace étonnamment petit et s'endormit aussitôt. Cette constatation me réjouit, car j'étais quelque peu inquiète à l'idée de devoir contenir un chien agité sur un parcours de sept cents kilomètres, et je me demandais avec un certain affolement comment un lévrier tout juste arraché au désert allait se comporter en automobile. Mais cette chienne nomade jaune acceptait tout ce que la vie lui réservait avec un calme parfait et même un tantinet agaçant. Il lui fallait de la chaleur, et sa pitance ; je partageais mon déjeuner avec elle, et elle se glissait sous ma peau de mouton, sans en demander davantage. J'étais soulagée, mais je trouvais un peu ingrat de sa part de ne pas s'apercevoir qu'on l'emmenait en Perse.

Quant à moi, j'avais très fortement conscience de pénétrer dans ce pays. L'avant de la voiture pointait droit vers le soleil ; c'est par là qu'était arrivé Alexandre, contrairement à Marco Polo, Mme Dieulafoy, M. de Gobineau, ou même lord Curzon. Cette route, qui passait entre les deux provinces sauvages du Kurdistan et du Luristan, n'avait été, jusqu'à la guerre, qu'un itinéraire caravanier entre la Perse et Bagdad ; aucun voyageur n'eût songé à risquer ses biens, ou peut-être sa vie, en passant par là. Le shah Nasser Ed-Dir, il est vrai, au cours d'une expédition, avait appelé les chefs tribaux des Kurdes et des Lurs à venir à sa rencontre, mais, ayant appris que ces brigands superstitieux et ignorants se représentaient communément le shah comme un géant de cinq mètres, et mis en garde contre un retournement possible de leur loyauté à la vue décevante d'un homme de stature ordinaire, décidé néanmoins à se montrer devant ses vassaux pillards, il eut recours à un expédient ingénieux. Ayant fait dresser sa tente de telle façon que les rayons du soleil levant vinssent la frapper de tout leur éclat, il ordonna que l'on couse sur le devant de son uniforme, du col au bas de la veste, tous les diamants du trésor de Perse. À l'aube, les chefs se rassemblèrent. Alors, comme le soleil se levait, le pavillon du shah s'ouvrit soudain, et, illuminé par les feux de l'astre, le personnage parut, immobile et resplendissant. Les chefs se prosternèrent ; mais quand ils levèrent de nouveau leurs yeux éblouis, le shah avait disparu.

Je demandai à mon chauffeur s'il s'était déjà fait attaquer en route. Non, me dit-il, mais c'était arrivé à plusieurs de ses confrères, car ils étaient assez idiots pour s'arrêter quand on les sommait de le faire. « Moi, si quelqu'un me barre la route, ajouta-t-il, je fonce sur lui. » Sur quoi il embraya et démarra. Les premiers kilomètres furent atroces, avec une route très encombrée. Nous dépassâmes la longue file de chameaux, et d'innombrables ânes chargés de bidons d'essence ; des chariots aussi, dont les conducteurs étaient endormis ; des camions remplis de grain, les uns en marche, les autres bloqués dans la boue en travers du chemin. Tous les cent mètres environ, un cours d'eau traversait la piste, c'est-à-dire qu'on s'enfonçait dans la boue jusqu'aux essieux ; entre les cours d'eau, plutôt qu'une route pleine de trous, c'était une série de trous reliés par des petits bouts de route. Le camion transportant nos bagages bondissait et rebondissait devant nous. Partout on criait et on s'agitait beaucoup pour dégager les camions enlisés, et aux cris des hommes se mêlaient le son grave des cloches des chameaux et le craquement des chariots surchargés. Tout le monde semblait aller vers l'est ; nous ne croisions personne en sens inverse. Toute cette file avançait en direction de la frontière parmi les ondulations du paysage, multitude qui s'égrenait dans le clair matin.

La frontière iraqienne était constituée d'une maison de relais, d'une barrière branlante en travers de la route, et de quelques rangées de fils de fer barbelés. À l'intérieur, on nous donna du thé et des cigarettes pendant qu'on tamponnait nos passeports, et nous admirâmes la collection de cartes de visite dont le mur était tapissé. Le marquis prit un certain nombre de photos avec différents Kodaks. Trois chiots laineux se roulaient dans la poussière. Cependant, chariots et bêtes formèrent un véritable embouteillage, et nous laissâmes derrière nous la bousculade et les jurons pour nous lançer dans le no man's land qui sépare l'Iraq de la Perse. La frontière de la Perse était à sept ou huit kilomètres de là ; on nous proposa une escorte de soldats, que nous déclinâmes ; la perche qui barrait la route fut relevée ; nous avançâmes ; nous étions en Perse.

Je m'aperçus alors que de toutes les personnes intelligentes avec qui j'avais parlé en Angleterre, aucune n'avait su me dire quoi que ce soit de la Perse – la vérité étant, je suppose, que chacun observe des choses différentes et leur attribue une importance différente. Je ne me serais pas offusquée de recevoir des informations divergentes ; mais là, j'étais bien obligée de reconnaître qu'on ne m'avait tout simplement rien dit. Personne, par exemple, n'avait mentionné la beauté du paysage ; par contre, on s'était appesanti, et avec beaucoup d'exagération, sur l'inconfort du parcours. Cela me rappelait la réponse classique du nègre à qui on demande : « Est-ce loin pour aller à tel endroit ? » et qui répond : « Pas trop. » « Est-ce que ça monte beaucoup ? » avais-je demandé, et l'on m'avait répondu : « Pas trop », ce qui était assez juste de la route qui traverse les plaines, mais complètement faux de celle qui franchit les cols et s'élève à plus de trois mille mètres par une série de virages en épingle à cheveux sur une dizaine de kilomètres. Personne ne m'avait dit que je devais prévoir des provisions pour trois ou quatre jours ; cela, heureusement, je l'avais appris à Bagdad. Personne ne m'avait dit qu'il me faudrait peut-être passer plusieurs nuits dans une cabane de terre battue au bord de la route, bloquée par une chute de neige récente, et pourtant cela arrivait constamment à des voyageurs moins chanceux que moi. Personne, en fait, n'avait fait une seule remarque utile ou instructive. Cela eut l'avantage de me permettre d'entrer en Perse l'esprit ouvert à tout. Je n'avais pas la moindre idée de ce que j'allais voir.

Ce que je vis, quand, avec le soleil, nous poursuivîmes notre route, c'est un pays qui ne ressemblait en rien à ce que je connaissais déjà. L'Angleterre, la France, l'Allemagne, la Pologne, ont leurs points communs : un souci d'entretien et de culture ; des petits villages douillets ; des fermes bien tenues et se suffisant à elles-mêmes ; des champs labourés, des prairies, des meules témoignant d'une économie rurale ; un paysage soigné, agencé par l'homme, se soumettant à ses besoins. L'Italie et l'Espagne ont leurs points communs : le paysage là encore est soumis à l'homme, mais celui-ci a dû tenir compte de la configuration plus rude du terrain : il lui a fallu faire des terrasses pour la vigne, les bourgs ont un aspect rude et médiéval, la beauté naturelle du paysage a été conquise, certes, mais au prix d'un combat ; ces coteaux portent encore la marque des meurtres et des pillages, des Maures et des tyrans. La Russie a les vastes étendues de sa steppe herbeuse ; pour la plus large part, la terre est cultivée, utilisée, contrainte à servir l'homme et ses bêtes, elle est verdoyante. Mais la Perse est restée telle qu'elle était avant l'homme. Çà et là, il a gratté un peu à la surface et semé un peu de grain ; çà et là, dans une oasis de peupliers et d'arbres fruitiers bordant un cours d'eau, il a édifié un village, et ses moutons noirs gambadent sous les fleurs de pêcher ; mais sur des kilomètres, il n'y a pas trace de présence humaine, rien que les plaines brunes et les montagnes blanches ou bleues, et une impression d'espace. Soudain, je me sentis assaillie, submergée par les foules de l'Europe ; elles m'étouffaient de leur poids, et puis soudain elles se retirèrent et je pus respirer dans tout cet espace qui m'entourait, dans la sérénité des cimes qui dominaient le grand bassin de la plaine. Grimpant et dévalant les côtes, l'auto semblait un aigle en vol ; elle n'avait pas sitôt atteint le sommet d'une hauteur qu'elle plongeait à nouveau et repartait en avalant notre longue route, si bien que finalement, bercée par la douce monotonie de ce mouvement, je sombrai presque dans une sorte d'hypnose dans laquelle je voyais vaguement le paysage défiler, l'ombre des nuages rouler sur la plaine comme pour faire la course avec la voiture, et de temps en temps, la tache noire d'un troupeau qui paissait. Nous étions dans le Kurdistan. Les paysans que nous rencontrions étaient vêtus de grands manteaux bleus avec une large ceinture nouée ; leurs cheveux noirs bouclés dépassaient de leurs hauts chapeaux de feutre sans bord ; ils avaient les jambes enveloppées de chiffons ; munis de gourdins, ils poussaient leurs bêtes devant eux. Avec leurs haillons et leur allure moyenâgeuse, on aurait pu les prendre pour des traînards de quelque armée en déroute. Ils se déplaçaient à pied, à cheval, ou en chariot ; des chariots couverts, qui allaient au pas, tirés par quatre petits chevaux de front ; de longues files de chariots, qui avançaient lentement, chargés de tapis et de mobilier, en une procession misérable et famélique. Si les distances nous semblaient longues, à nous qui filions dans une voiture puissante, que devait-il en être pour ceux de cette lente colonne, pour qui une journée de voyage ne représentait pas de changement d'horizon, pas de réduction sensible de la distance qui séparait une chaîne de montagnes de la suivante ?

Ce jour-là, le premier, nous nous arrêtâmes pour nous restaurer au bord d'une rivière turbulente, au pied de notre premier col de montagne ; puis nous quittâmes la plaine et nous montâmes par des lacets abrupts et vertigineux, doublant de justesse chariots et camions – car la circulation est toujours plus dense au passage d'un col : les chevaux ne peuvent plus traîner leur chargement, il faut défaire leur attelage, les atteler comme des chevaux de trait et les faire repartir dans la côte, où ils dérapent sur le sol rocheux. Nous croisions de petits ânes qui descendaient à pas délicats, et des chameaux qui se balançaient sur leurs pattes aux coussinets bien rembourrés. En amont, nous voyions la route du col zigzaguer au flanc de la falaise, et tout au long, des bêtes et des hommes qui criaient en donnant du fouet. En aval, nous voyions le panorama immense de la plaine s'étendre derrière nous à l'infini. Contrée sauvage et désolée, mais qui me ravissait à l'extrême. Jamais rien ne m'avait tant plu que ces hautes terres de la Perse, avec leurs perspectives immenses, leur lumière limpide, et la grandeur de leur site rocheux. Telle était, dans tous ses détails et toute sa réalité, la région marquée « Perse » sur les cartes. Il fallait, me dis-je, que je sois en éveil, que je savoure chaque kilomètre de la route. Mais ces kilomètres, il y en avait trop, et j'eus beau admirer, assise à l'avant, le corps tiède de la chienne appuyé contre moi et l'odeur âcre de la peau de mouton dans les narines, il ne me reste de ces horizons qu'un souvenir d'ensemble ; je ne revois plus en détail le déroulement du paysage. Mais ce sont justement ces horizons qui comptent ! Ils modifient notre forme d'esprit ; ils sont, finalement, ce qui exprime le plus justement notre perception du pays, ce que les mots sont impuissants à dire : sa grandeur, ses proportions, ses contours exacts ; ils sont la mesure nouvelle à laquelle l'esprit doit s'adapter.

Au sommet du col, je m'attendais à redescendre de l'autre côté ; je ne m'étais pas encore faite à l'idée de rester en altitude après la montée. Je n'avais pas encore l'habitude de rouler sur une route plate à proximité des cimes. Mais nous étions maintenant sur les hauts plateaux d'Asie. Nous continuâmes à rouler toute la journée, jusqu'à la tombée de la nuit, et alors les pentes des montagnes prirent des formes indistinctes, inquiétantes, de bêtes couchées. Cette contrée qui toute la journée avait été inondée de lumière, et dont l'austérité avait par moments été adoucie par les molles ondulations de collines semblables à des dunes anglaises, arrondies, et baignées d'une lumière douce semblable aux lueurs roses du couchant – même en plein midi –, cette contrée retrouvait maintenant le mystère primitif des temps où nul voyageur ne passait par là, où seuls des nomades kurdes conduisaient leurs troupeaux vers d'autres pâtures ; le mystère de la nuit des temps, où les armées d'Alexandre et de Darius, en route pour Ecbatane, pénétraient ce chaos dont on n'avait pas encore établi la carte, capturant un paysan pour leur servir de guide ; capitaine et empereur scrutant, du haut d'un sommet, des lointains inconnus. La lune se leva derrière une hauteur ; la pleine lune, que j'avais vue naître, prise dans les rets du gréage, par une aube opalescente, sur l'océan Indien. Revenant sur terre, j'observai le profil jeune et mal équarri de mon chauffeur, sous sa casquette à visière. Comme l'air fraîchissait et que la lune montait dans le ciel, je me mis à lui parler, et Zurcha se serra dans mes bras avec un soupir de satisfaction – comment croire que je l'avais arrachée au désert d'Arabie, à la vie nomade et à son lourd sommeil à côté des chameaux et de leur chargement ? Mon chauffeur conduisait, les yeux fixés sur la route, qu'éclairait la lumière blanche des phares, et tout en conduisant il parlait, avec un doux accent écossais, là, dans ces montagnes de Perse. Il assurait généralement le service du désert, me dit-il, Beyrouth-Bagdad ; ce qui représentait trente-six heures consécutives au volant, avec une heure d'arrêt pour le dîner ; il y avait une portion de route difficile, où la piste était quasi inexistante, et où il fallait se méfier des rochers et des ravines, et une portion facile, un vrai court de tennis en dur, où on pouvait rouler à plus de quatre-vingt à l'heure sur deux cent cinquante kilomètres ; il lui arrivait de faire le trajet deux fois par semaine, s'il y avait pénurie de chauffeurs ; à peine arrivé à Bagdad, on lui demandait de faire demi-tour et de repartir. Quelquefois, me dit-il avec un grand sourire, on s'endort au volant. Mais ça ne le gênait guère – c'était une question d'habitude – car c'était bien payé, et sa femme était à Beyrouth. Peu à peu, il me raconta son histoire. Fils d'un petit fermier écossais, il était parti en Russie quatorze ans plus tôt pour travailler aux chemins de fer ; il avait été surpris par la guerre ; il s'était enrôlé dans l'armée russe ; il n'avait pas supporté ; il avait déserté, il était revenu en Angleterre, il s'était enrôlé à nouveau, il était parti en France au bout d'une semaine, il avait voulu retourner en Russie après la guerre, mais jusque-là il n'avait pas réussi à aller plus loin que la Syrie et la Perse. Il s'était marié, mais à Bagdad sa femme était devenue folle et il avait dû l'emmener à Beyrouth en voiture pour la placer dans un asile de fous. C'est ainsi qu'il me révéla l'histoire de sa vie, sans avoir l'air de la trouver exceptionnelle le moins du monde. Je m'étais aperçue qu'il parlait le russe aussi couramment que le persan – mais notre conversation fut interrompue par l'irruption d'un personnage haut en couleur, à l'allure farouche, qui arriva au grand galop dans la lumière de nos phares.

Fidèle à sa parole, le chauffeur appuya sur l'accélérateur et l'auto fonça sur le cavalier. Je crus que nous allions le heurter de plein fouet, auquel cas le pire eût été pour lui, car nous avions une voiture lourde, et le poney qu'il montait était une bête maigre et fruste, qui ressemblait à un poney de Cosaque, et qui serait sûrement allée rouler dans le fossé avec lui. Malheureusement, nous le ratâmes ; ou plutôt, avec une fabuleuse habileté, il détourna son poney, évitant notre garde-boue de quelques centimètres, et nous entendîmes le claquement des sabots sur la route. Le chauffeur me regarda avec un grand sourire. « C'est ça leur astuce, dit-il. Ils foncent sur vous, et on a tendance à s'arrêter. Si je m'étais arrêté, en un rien de temps ils auraient été quatre ou cinq autour de nous. C'est la partie de la route la plus dangereuse. » Nous continuâmes à rouler. Déjà, pendant la traversée d'un village, un Kurde avait bondi et il avait frappé la voiture avec une canne à pommeau, et, à une ou deux reprises, nous avions eu quelques petits signes d'alerte : aux péages, on nous avait arrêtés pour nous proposer une escorte, car il était arrivé par téléphone des messages de Kermanshah demandant des nouvelles de notre passage – c'était étrange d'être accueillis par des messages téléphonés le long de cette route sauvage et solitaire ; mais nous n'avions pas envie de nous encombrer d'une escorte, et nous avions préféré prendre le risque de voyager non accompagnés. Je me félicitai d'avoir refusé, car pour rien au monde je n'aurais voulu manquer notre bref face-à-face avec cette figure de bandit. En le voyant, j'avais ressenti ce que l'on peut ressentir à la vue d'une bête sauvage qui surgit brusquement au milieu de la jungle. J'étais presque déçue quand nous aperçûmes devant nous les lumières de Kermanshah.

2

Le lendemain, nous trouvâmes la neige. Dans la première partie du trajet, nous traversâmes à nouveau des plaines ; le paysage était un peu différent et devenait plus typiquement persan : des montagnes enneigées dans le lointain, bleues et blanches, en bordure de la plaine ; plus près, leurs contreforts, semblables aux landes du Nord, fauves dans cette lumière curieuse, intense, des tons fauves qui passaient par toutes les nuances de brun, du jaune à l'ocre et à l'ombre brûlée. On ne saurait trop vanter les couleurs de ces montagnes ; je n'avais jamais rien vu qui égalât leur variété, leur richesse, leur originalité. Les parties rocheuses semblaient peintes, artificielles ; on voyait affleurer des plaques de roche d'un bleu-vert, qu'on aurait dit passées au sulfate de cuivre – du cuivre recouvert de vert-de-gris : de la malachite pâle ; et puis une bande de roche rouge sang : du porphyre. On commença à voir des caravansérails : ces enclos carrés aux murs de terre séchée, avec leur cour centrale, où les chameaux peuvent passer la nuit, et leurs petits dômes en terre au-dessus de l'entrée. Ces caravansérails, dont il ne restait parfois que les ruines, on les trouvait environ tous les trente kilomètres – c'est la distance que parcourt un chameau en un jour. On commença à voir des cabanes de terre, dites maisons de thé, où l'eau bout dans le samovar de cuivre toute la journée et où l'on boit le thé dans des verres – cabanes qui peuvent servir d'abris en cas d'urgence, pendant des nuits et des nuits, quand les routes sont bloquées et que le voyageur demande l'hospitalité, une banquette de terre pour y étendre sa peau de mouton et s'y coucher, les yeux irrités par la fumée du charbon de bois, le regard fixé, dans un demi-sommeil, sur les hommes rassemblés autour du brasero, tandis que le vent hurle au-dehors et que des paysans surpris par la nuit entrent en secouant la neige de leurs chaussures et frottent leurs doigts gelés au-dessus des braises. Au pied du col, voyant la route s'élever et se perdre parmi les crêtes, nous ne pûmes nous empêcher de penser qu'il nous faudrait peut-être chercher refuge dans une de ces cabanes ; nous commencions à nous faire à l'idée que les voyages en Perse étaient pleins d'imprévus ; les pelles de bois fixées à l'arrière de la voiture ne présageaient rien de bon ; nous avions entendu des gens parler de l'état de la route : la veille, une voiture était passée, avec beaucoup de retard, mais depuis, les conditions avaient pu changer, une nouvelle chute de neige là-haut, sur les sommets, avait pu bloquer la route, et de fait, nous n'avions croisé aucune voiture en provenance d'Assadabad ; nous en étions donc réduits aux spéculations, non sans quelque inquiétude, mais nous ne pouvions pas nous attarder au pied du col, et nous attaquâmes la montée, la route devenant plus raide, les virages plus aigus, et finalement nous trouvâmes la neige, et les roues se mirent à chasser dans la boue. Nous nous élevions de plus en plus ; à présent la neige était partout, entamée seulement par la balafre noire et boueuse de la route – des champs de neige blanche, et la route noire avec ses virages en épingle à cheveux, jonchée de chariots ; les flancs des chevaux fumant au contact de l'air. La neige formait maintenant de véritables remparts ; la route n'était plus qu'un couloir entre des murs de neige de six mètres de haut qui se dressaient au-dessus de la voiture. Des équipes d'ouvriers étaient au travail pour dégager le passage ; les yeux protégés par des lunettes noires, un cache-col devant la bouche, ils maniaient leurs grandes pelles de bois ; avec leurs haillons de couleur, et ces outils primitifs dont les longs manches se détachaient sur la neige comme des traits noirs, ils ressemblaient aux paysans en armes de la Révolution française. Trois mille hommes étaient à l'œuvre, nous dit-on, pour permettre aux camions chargés de blé de continuer à passer, afin de sauver Téhéran de la famine. Nous montions tout doucement, entre les murs de neige, et le froid augmentait, et puis enfin nous franchîmes le sommet, à plus de trois mille mètres. Là, nous étions complètement entourés de neige, et devant nous s'étendait une grande plaine toute blanche ; mais quand on se retournait sur le chemin que nous avions parcouru, on apercevait la plaine brune coupée par le ruban de la route, si bien qu'au plus profond de l'hiver, on croyait voir l'été en contrebas. Encore une fois, j'eus cette sensation nouvelle de rester en hauteur ; car nous redescendîmes très peu, et quand nous arrivâmes à Hamadan, nous trouvâmes les peupliers les pieds dans la neige, et il courait dans la ville des histoires de loups.

3

Nous étions dans l'ancienne Ecbatane et, sur les traces d'Alexandre et de Darius, nous poursuivîmes notre route. Je me souviens de plaines blanches monotones, et d'un autre col, l'Aveh, moins dramatique, mais plus désagréable, car il était balayé par un vent mordant et hurlant. Puis le temps s'adoucit imperceptiblement au fur et à mesure que nous redescendions ; la terre reparut, avec encore des traces de neige, et la route, à travers des bosquets de pistachiers, nous amena à Qazvin. Couverts de boue, fatigués, impatients, nous fûmes retenus à l'entrée de la ville. Ces petites cérémonies à l'entrée des villes m'amusaient toujours ; il faut décliner son nom, montrer ses papiers, on reporte votre signalement avec un bout de crayon dans un cahier graisseux et indéchiffrable. Après quoi seulement on vous laisse passer. Quel contraste étrange entre l'attention que l'on vous porte dans les villes et l'indifférence complète dont on fait preuve à votre égard dès que vous vous lancez sur la route, où vous pouvez bien être molesté, assassiné ou noyé, sans que personne y prenne garde. Enfin, le quatrième jour, nous abordâmes la dernière étape du voyage. C'en était fini de la neige, et j'en étais bien heureuse, car cette couverture blanche masquait les belles couleurs du paysage et en cachait les formes sous de molles épaisseurs cotonneuses où l'on ne voyait pas même les traces d'un animal ; mais à partir de la plaine de Qazvin, les contreforts des montagnes étaient à nouveau dénudés et seuls les sommets de l'Alborz et des montagnes lointaines étaient ourlés de neige. La route traversait la plaine en droite ligne sur cent cinquante kilomètres ; et comme c'était la voie principale entre Téhéran et Qazvin, un flot de bêtes et de véhicules piteux et délabrés s'y acheminait sans interruption, avec des marchandises pour la capitale ; des troupeaux d'ânes, d'énormes caravanes de chameaux qui, le soir, se dirigeaient vers les caravansérails, en désordre, têtes oscillantes et forêt de pattes noueuses avec leurs gros genoux, toutes allant à peu près dans la même direction, franchissant paresseusement l'entrée, une forêt de chameaux, plus haute que l'auto, avec d'horribles gueules pendantes qui se balançaient au-dessus de nous ; des hommes attelés à des charrettes, deux à l'avant et deux à l'arrière, véritables bêtes de somme, suant et avançant lentement, ne faisant pas trois kilomètres à l'heure, des hommes si vils et si bestiaux qu'apparemment, il ne leur venait pas à l'esprit d'obliger un animal à les servir, acceptant leur sort comme des esclaves, et parcourant cette route de Qazvin avec des charrettes trop lourdes, jusqu'à épuisement complet de leurs forces. Tous ces signes indiquaient que nous étions aux abords d'une ville – si toutefois ce terme a un sens dans ces régions ; nous approchions de ce centre que, depuis de longs jours, nous cherchions à atteindre. Mais il n'y avait pas d'autres signes ; aucun de ces avant-postes épars que l'on trouve en Europe bien avant d'atteindre la ville elle-même ; pas de maisons isolées, pas de jonction de routes ; seulement cette route unique, tracée comme une ligne en travers de la plaine, avec ces hommes et ces bêtes qui l'arpentaient. Des vautours s'envolaient, ayant fait une horrible chère au bord de la route à l'endroit où une mule ou un chameau s'était écroulé ; ainsi le désert arrivait jusqu'aux murs de la ville. La ville elle-même n'était pas visible, et pourtant, nous le savions, elle ne pouvait pas être à plus d'une trentaine de kilomètres, car, à Kardej, nous nous étions rapprochés des collines et nous voyions devant nous la cime blanche et lisse du Demavend, pointée vers le ciel comme un fanal. Téhéran devait être là quelque part dans le creux. Vers la droite, un dôme doré scintillait dans le lointain ; la mosquée du shah Abdül Azim, dit quelqu'un, et au bord de la route on commença à voir des petits tas de pierres semblables à des taupinières, car en Perse, quand on aperçoit son lieu de pèlerinage pour la première fois, on doit élever un tas de pierres pour l'accomplissement de son vœu. Je fus tentée d'ajouter le mien à tous les autres, tant il me paraissait incroyable d'être enfin arrivée à quelques pas de Téhéran. Mais où était donc la ville ? À gauche, au loin, la tache de verdure d'un bouquet d'arbres, une légère nuée de fumée bleue ; sinon rien que la plaine, les montagnes, le désert, et de petits cours d'eau en crue traversant la route çà et là. Tout cela était aussi désolé et inhabité que les étendues les plus désertes du Kurdistan. Mais soudain on vit la porte d'une ville qui barrait la route ; une porte couverte de faïence colorée, de larges douves, un rempart de terre, et une sentinelle qui nous arrêta, carnet en main. Décidément, les villes persanes vous prennent toujours au dépourvu, surgissant du désert, ramassées dans l'enceinte de leurs murs. Mais cette fois, pas de doute, c'était bien Téhéran.

CHAPITRE 4

TÉHÉRAN

1

Ce pays à travers lequel j'ai été précipitée quatre jours durant a enfin cessé de bouger ; au lieu de défiler devant moi, il a ralenti et s'est finalement immobilisé ; les collines sont à l'arrêt, et je peux les observer ; au lieu de n'en avoir qu'un aperçu rapide, sous une certaine lumière, je peux désormais les regarder changer à n'importe quelle heure du jour ; je peux m'y promener à pied et voir chaque pierre, tranquillement à sa place ; je peux faire connaissance avec leur petit monde d'insectes et de lichens ; désormais, je ne suis plus une voyageuse, je suis une résidente. J'ai ma maison, mes chiens, mes domestiques ; mes bagages sont enfin défaits. La glacière est dans la cuisine, le phonographe sur la table, et mes livres sur les étagères. C'est le printemps ; de longues allées d'arbres de Judée fleurissent le long des routes, les vallées sont pleines de pêchers en fleur, la neige commence à fondre sur l'Alborz. Ici, à presque quinze cents mètres d'altitude, l'air a la pureté d'une note de violon. On a partout une sensation d'espace et de haute altitude ; cette impression de crasse et de surpopulation que l'on ressent toujours un peu dans les pays d'Europe n'existe pas du tout ici ; on a l'impression d'avoir été soulevé en l'air et posé au-dessus du monde sur un grand toit très large – le plateau iranien.

Téhéran elle-même, en dehors de ses souks, est dénuée de charme ; c'est une ville sordide pleine de mauvaises rues, de tas d'ordures et de chiens métis. Des petites victorias insensées tirées par de misérables chevaux, quelques bâtiments prétentieux, et des maisons minables prêtes à s'écrouler. Mais dès l'instant que l'on sort de la ville, tout change. D'une part, celle-ci est vraiment restée enfermée à l'intérieur de ses murailles de terre, elle n'est pas prolongée par des faubourgs, il y a la ville d'un côté et la campagne de l'autre, bien délimitées. D'autre part, la ville est si basse que de loin on la voit à peine ; elle apparaît comme une grosse tache de verdure ourlée de fumée bleue. Je dis la ville, mais il s'agit plutôt d'un énorme village. La légende locale veut qu'un certain spéculateur soit allé trouver le shah et lui ait dit : « Roi des rois, si je te construis un rempart autour de ta ville, me donneras-tu tout le terrain qui n'est pas encore construit à l'intérieur de l'enceinte ? » Et le shah, pensant que cet homme était fou, y consentit. Mais l'homme, qui n'était pas fou du tout, construisit le rempart suivant un cercle si large que la ville ne s'étend pas encore jusqu'à son mur d'enceinte.

On ne peut entrer dans Téhéran ou en sortir qu'en passant par une porte, qui tient son nom de la ville vers laquelle mène la route : la porte de Meshed, la porte de Qazvin, la porte d'Ispahan et ainsi de suite. Ces portes sont des édifices pittoresques et colorés, recouverts de faïence – bleue, ou noire et jaune – mais délabrés, comme tout le reste. En se postant à cet endroit, on voit défiler la ville devant soi, dans un sens et dans l'autre, en un flot discontinu : une file de chameaux, un troupeau d'ânes ; des piétons ; des femmes voilées ; une ou deux voitures ; des cyclistes – car en Perse tout le monde se déplace à bicyclette, et tombe de sa selle rien qu'à voir approcher un autre véhicule. Il est fort instructif de passer une heure ou deux près de la porte de la ville. Cela donne un bon aperçu de la vie dans les pays d'Orient, une vie dans laquelle l'homme est indissociablement lié à ses bêtes, surtout ici en Perse (plus encore, s'il se peut, qu'en Égypte ou en Inde), dans ce pays où les transports automobiles sont chose récente, les chemins de fer inexistants, et où il faut tout convoyer à dos de bête de somme. Les chameaux arrivent de Bagdad avec des caisses et des balles, après une route de six, huit ou dix semaines ; ils arrivent du Sud avec du pétrole, et cela fait un curieux effet de lire en anglais sur les caisses : *HIGHLY INFLAMMABLE* ; puis viennent les ânes, de minuscules ânes gris, dont on ne voit guère que quatre malheureuses petites pattes sous un énorme fardeau d'épines à brûler ; et c'est une troupe de moutons, bruns et noirs, dont les petits sabots durs crépitent sur le gravier comme de la pluie ; et puis un troupeau d'oies, mené par un enfant ; et puis encore un homme qui porte deux poulets. C'est une chose très frappante que de voir tous ces Persans qui portent des poulets. Toutes leurs allées et venues avec ces volailles sont un mystère que je n'ai jamais pu éclaircir. Ils passent dans la rue, un poulet sous chaque bras, comme un enfant porterait tendrement des chiots. Et, dans ce pays, les volatiles font preuve d'une mentalité particulière, car à tous les coins de rue, on voit des hommes accroupis à côté d'un plateau de cuivre sur lequel à côté de deux douzaines d'œufs sont posées deux poules, l'air satisfait, comme ne l'est jamais la poule en Angleterre. Elles restent impassibles, même dans les souks les plus fréquentés. À la place des poules, sur le plateau de cuivre, on trouvera aussi bien une couvée de perdreaux, qui ne chercheront pas davantage à s'enfuir. Dieu sait que ce n'est pas l'amour des bêtes qui suscite ce commerce continu et constant avec elles ; la Perse n'est pas faite pour ceux qui aiment les bêtes. Je préférerais vraiment assister à une corrida plutôt qu'à certains spectacles qui m'ont été offerts en ce pays. Les squelettes, on s'y habitue rapidement ; ce n'est rien ; un squelette est chose propre. Même les cadavres récents, on finit par s'y habituer : celui d'une mule ou d'un chameau tombé au bord de la route, encore reconnaissable, avec son pelage et ses yeux vitreux, les chiens du village voisin venant se repaître des entrailles tandis que les vautours tournoient dans le ciel en attendant une pitance encore plus immonde ; cela non plus n'est rien, au bout d'un ou deux jours (c'est étonnant de voir combien on s'endurcit vite), on se réjouit seulement que la bête soit enfin morte, et qu'elle ne souffre plus. Ce sont les bêtes vivantes qui suscitent l'horreur, l'indignation et la pitié. Le cheval blanc qui boitille le long d'une route sans fin ; l'attelage qui n'arrive pas à tirer le chariot dans la côte, plein d'une bonne volonté pathétique, mais sous-alimenté et trop chargé, peinant, trébuchant, suant, les garrots moulus et les jarrets gangrenés ; l'âne qui meurt sous le faix au bord de la route, et s'efforce de se relever pour faire encore deux ou trois kilomètres ; pourquoi faut-il qu'ils soient ainsi au service de l'homme, dévoués, fidèles, l'air triste ? Il y a des souvenirs que je n'ai pas le cœur de rapporter par écrit. Ce n'est pas que ces gens soient cruels, mais ils sont inconscients ; j'en suis intimement persuadée, car les Persans sont d'un naturel doux, ils aiment les enfants, un rien suffit à les faire rire. Mais ils semblent inconscients de la souffrance ; ce qui revient à dire qu'ils sont puérils, et qu'ils manquent d'instruction. Il n'est pas rare de voir un homme allongé sur le trottoir, en train de cracher le sang ou de mourir de faim, sans que personne y prenne garde ; et pourtant ils sont généreux avec leurs mendiants, tant que ceux-ci ont la force de rester debout et de tendre la main. Ce n'est rien d'autre que de l'inconscience ou un manque d'imagination, mais le résultat est le même, et quiconque a tendance à se plaindre de son sort ferait bien de se réjouir de n'être pas né bête de somme en Perse. Le malheur veut que ce pays dépende beaucoup de ses bêtes de somme à cause des distances si importantes et du manque de transports. C'est un pays plein de contradictions, sans moyen terme entre le Moyen Âge et le XXe siècle. Ainsi, le service postal de province à province est inorganisé, peu fiable et d'une lenteur extrême, par contre, à Téhéran, on peut entendre le carillon de Big Ben à la radio, avec un décalage dans le temps qui fait que la Perse est plongée dans la nuit noire tandis que Londres se prélasse encore dans la tiédeur d'une soirée de juin ; les nouvelles vous arrivent en même temps qu'elles apparaissent sur le panneau lumineux de Trafalgar

Square. Et de même, si un chameau met trente jours à bonne allure pour transporter des marchandises de Téhéran à Meshed, vous-même ne mettrez que six heures à couvrir cette distance en avion. C'est le pays des extrêmes, un des rares pays où l'on ne connaîtra sans doute jamais l'étape de progrès intermédiaire, c'est-à-dire celle du XIXe siècle. Telles sont les étrangetés de ces régions oubliées de la planète. Le résultat, c'est que tout problème de transport fournit un sujet de conversation sans fin. On se demande si un tel arrivera, ou si tel autre pourra partir ; s'il faut l'attendre le mercredi ou le jeudi ; si le courrier arrivera le soir même ou seulement le lendemain matin, ou s'il aura une semaine de retard – toutes ces spéculations font partie intégrante de la vie. La route de Qazvin est-elle coupée par les inondations ? Le pont à traverser pour aller à Qom a-t-il à nouveau été emporté ? Et puis quelqu'un rentre en ville avec des nouvelles de la route, et les informations sont transmises de vive voix aux personnes concernées ; or, à des degrés divers, et pour des raisons diverses, tout le monde est concerné. De sorte qu'on assiste au spectacle curieux de messieurs en haut-de-forme et de dames confortablement vêtues occupés à discuter de ces difficultés véritablement médiévales. « Il est bloqué dans la boue en plein désert », entendra-t-on ; « on a envoyé un avion à son secours, mais l'avion est bloqué aussi ». On jongle avec le moderne et le médiéval dans une même phrase. Tout cela va de soi.

Ainsi sommes-nous à la merci de la neige et des inondations, et aussi à la merci de la mollesse orientale ; trois caisses de vin, expédiées d'Angleterre en octobre, ne sont pas encore arrivées à Téhéran, et nous sommes en mai. Il y a deux mois, il est vrai, on a appris qu'elles étaient à environ trois cents kilomètres d'ici, mais où sont-elles à présent ? Personne n'en sait rien. À n'en pas douter les chameaux ont trouvé un coin de verdure et on les a mis à paître. « On les a vus passer à Hamadan », c'est tout ce que l'on sait de sûr ; le reste est silence. Je m'intéresse donc à tous les chameaux qui remontent les rues de leur pas vacillant, en essayant de lire l'adresse inscrite à l'envers sur les caisses qu'ils transportent, mais par ailleurs, j'accepte ce silence avec philosophie et je me suis mise au vin ambré de Chiraz. Du moins le courrier arrive-t-il régulièrement tous les quinze jours, solidement attaché au garde-boue d'une auto boueuse, un soldat indien sur la malle ; soudain la lumière des phares inonde l'avenue, éclairant le tronc blanc des platanes, puis on se précipite pour trier les lettres au moment où les sacs sont vidés sur la table, et enfin chacun emporte avidement et jalousement son paquet, un peu comme un écureuil emporte une noisette dans son nid. Quand on est en Perse, on a bien du mal à croire à l'existence de l'Angleterre, presque autant qu'on en a, en Angleterre, à croire à l'existence de la Perse. Quant à reconstituer à partir de différentes lettres ce qui s'est réellement passé chez nos amis, c'est une sorte de jeu auquel on s'amuse, ou de puzzle dont on replace les morceaux : c'est bien joli, c'est fascinant, mais on a peine à concevoir que cela ait un rapport quelconque avec la vie réelle. Ce n'est pas sans valeur pourtant, car on taille une facette nouvelle sur cette pierre précieuse qu'est l'amitié ; le fait de n'avoir plus que des liens épistolaires avec ses amis fait apparaître ceux-ci sous un jour nouveau ; ils sont séparés, coupés de tout ce qui d'ordinaire compose leur personnalité ; leur aspect physique, leur voix, leurs gestes ne sont plus là pour nous égarer et nous embrouiller ; ce qui nous parvient n'est plus qu'une essence, incomplète sans doute, et fragmentaire, mais pure pour ce qu'elle vaut. Ces lettres deviennent alors un jeu véritablement enchanteur ; on est contraint de faire appel à toutes les ressources de l'imagination ; c'est alors qu'au fin fond de sa mémoire, on retrouve de petites choses qui nous laissaient perplexe, et qui maintenant se mettent en place ; et l'idée d'avoir fait de si loin une découverte si éclairante nous donne l'impression de remporter une victoire. Quand on retrouvera ses amis, ce sera sur un terrain plus ferme, au lieu, comme on aurait pu s'y attendre, qu'il se soit creusé un fossé entre leur vie et la nôtre.

Mais c'est là un plaisir d'exilé, et on ne peut pas espérer qu'en Angleterre, ces mêmes amis, avec leur vie bien remplie, auront le temps de méditer sur nous, comme nous méditons sur eux. Cependant, cela aussi peut devenir une satisfaction, car nous avons la supériorité d'avoir découvert un certain nombre de choses sans nous être mis à nu. Assise sur un rocher, entourée de tulipes jaunes qui se balancent tout autour de moi tandis qu'un petit troupeau de gazelles descend dans la plaine, je pense à mes amis encore plus intensément. Je sais très bien qu'eux ne pensent pas à moi. Mais ils sont devenus ma proie, et ils ne sont pas là pour me corriger ou me contredire. Cette dissection que je fais d'eux en solitaire aurait bien de quoi les alarmer un peu, beaucoup plus que les potins de société, qui pourtant n'ont rien d'agréable et que beaucoup redoutent ; mais heureusement ils n'en savent rien, et j'ai l'avantage de pouvoir me rire d'eux. Ici je les tiens, tout petits, mais clairs et nets, dans l'espace implacable de la Perse. Toutes mes vieilles habitudes mentales m'ont quittée, si bien que je peux aborder mes idées anciennes avec un regard neuf. Le cœur s'est renouvelé, les vents ont emporté les toiles d'araignée.

Si j'étais venue jusqu'à la porte de la ville, ce n'était pourtant pas pour parler de tout cela, mais l'ampleur du lieu et son atmosphère d'oisiveté m'ont entraînée dans ces digressions ; on a tout son temps, et guère autre chose à faire que de rester là à regarder. Pour moi, ce n'est pas une perte de temps que cette inactivité pendant laquelle on se pénètre de la splendeur austère du lieu ; et puis j'ai conscience d'être tout imprégnée de ses couleurs. La plaine est brune, les montagnes bleues ou blanches, les contreforts des collines fauves ou pourpres ; mais que sont ces mots ? La plaine et les collines peuvent avoir cent nuances qui, avec un changement de lumière, glissent sur le paysage et se fondent avec une subtilité qui échappe à tout vocable. Ici la lumière est une chose vivante, aussi variée que le tempérament de l'homme, et aussi difficile à capter ; tantôt sombre, et tantôt gaie, sensuelle ou tendre ; mais quelle que soit l'humeur, le fond qu'elle recouvre est toujours grandiose et austère, jamais sentimental. L'ossature et l'architecture du paysage demeurent, en dépit de toutes les lumières et de toutes les teintes qui y passent ; un élément doux glissant sur un élément dur, c'est dans l'ordre des choses. La qualité de la lumière sied à ce pays aux vastes dimensions. On voit les entailles des vallées se découper nettement au milieu des collines à cent cinquante kilomètres, si bien qu'on ne les croirait jamais aussi éloignées ; le Demavend même, à une centaine de kilomètres, donne l'impression de surplomber la ville et de pouvoir à tout moment ranimer les feux éteints de son volcan pour l'anéantir. Les formes et les reliefs des collines deviennent familiers : l'éperon qui s'avance dans la plaine près de Karedj, la crête de la montagne de Rey, couleur de vin de Bordeaux, la grande arête blanche de l'Alborz, au-delà de laquelle s'étendent les provinces subtropicales de la Caspienne. Ils se dressent avec la dureté d'un pays ancien ; on n'a pas le sentiment qu'en des temps qui ne sont pas si éloignés géologiquement parlant la mer y ait agité ses vagues ; au contraire, ce plateau est un des lieux les plus anciens de la terre, et son caractère reflète assez cette très grande ancienneté, avec la ligne déchiquetée de ses rochers, rongés par les intempéries pendant des siècles incalculables jusqu'à ce qu'il ne reste rien à ronger – jusqu'à ce qu'ils soient réduits à leur forme initiale, ramenés à un modelé primitif qu'il était impossible de creuser plus avant. Le temps n'a laissé que l'ossature.

Certains reprochent à ce paysage d'être morne ; à vrai dire, la lumière riche et changeante écarte une telle critique. La lumière, et aussi l'espace, et puis la couleur, qui l'envahit par vagues, comme un visage fier et sensible qui soudain s'empourpre. De plus, ceux qui prétendent que c'est un pays morne ne l'ont pas regardé, ou, s'ils ont regardé, ils n'ont pas su voir. Il est, au contraire, plein de vie ; mais d'une vie infime, délicate, effacée, qui échappe à un regard trop global. Il faut observer les choses constamment, et de près, car, d'une semaine à l'autre, d'un jour à l'autre presque, sa population varie : une averse fera sortir toute une moisson de petites anémones, et une journée de soleil les flétrira ; la chaleur réveillera les tortues, et le désert s'animera. Il est nécessaire de regarder au loin et puis aussi d'examiner les quelques mètres carrés que l'on a sous les pieds ; il faut être capable de voir de loin aussi bien que de près.

2

Depuis que je suis en Perse je cherche à voir un jardin, mais je n'en ai pas encore trouvé. Les jardins persans sont pourtant très réputés. Hafiz et Saadi ont chanté maintes fois les roses, abusivement même. Pourtant il n'y a pas de mot persan pour dire « une rose » ; le mieux qu'on puisse faire, c'est de dire « une fleur rouge ». Il semble qu'on se soit mépris quelque part. En fait, je crois que cette méprise vient de nous, et qu'elle est due à cette caractéristique nationale des Anglais d'exiger que tout soit comme en Angleterre – même en Asie centrale –, et de récriminer quand ce n'est pas le cas. « Un jardin ? » disons-nous ; et de penser à des pelouses et à des bordures de plantes herbacées, ce qui manifestement est absurde. Dans ce pays de sécheresse, il n'y a pas de gazon ; et quant aux bordures de plantes, elles supposent des formes et une luxuriance inimaginables pour l'esprit d'un Persan. Ici tout est sec et désordonné, tout s'affaisse et dépérit ; une misère poussiéreuse, exposée pendant huit mois de l'année à un soleil cruel. Et pourtant, la Perse a ses jardins.

Mais ce sont des jardins d'arbres, et non de fleurs ; des jardins de verdure sauvage. Imaginez que quatre jours durant, en plein été, vous traversiez une plaine à dos de bête ; vous arrivez devant une barrière de montagnes enneigées et vous franchissez le col ; au sommet du col vous voyez une autre plaine, et une autre barrière montagneuse dans le lointain, à cent cinquante kilomètres de là ; vous savez que par-delà ces montagnes il y a encore une plaine, et puis une autre, et une autre encore ; et que pendant des jours et même des semaines, il vous faudra avancer, sans ombre, avec le soleil au-dessus de la tête, le long d'une piste jonchée des os blanchis d'animaux morts. Alors quand vous trouvez enfin des arbres et une eau courante, vous appelez cela un jardin. Ce n'est pas de fleurs aux couleurs vives dont votre œil a envie, mais d'une verte caverne pleine d'ombre, avec des bassins où filent des poissons rouges, et un bruit de ruisseau. Voilà ce que signifie un jardin en Perse, dans ce pays où la longue et lente caravane est une réalité de tous les jours, et non une image romantique.

De tels jardins existent, beaucoup sont abandonnés, et l'on peut s'y tenir en compagnie du grillon et de la tortue, sans être dérangé, pendant les longues heures de l'après-midi. C'est dans un de ceux-là que j'écris. Situé sur une pente exposée au sud, au pied de l'Alborz enneigé, il domine la plaine. C'est un fouillis de bruyère et de sauge, et çà et là un arbre de Judée en pleine floraison fait d'incroyables taches pourpres sur la blancheur des grands platanes. Un nuage rose, dans un creux en contrebas, trahit la présence de pêchers en fleur. L'eau coule de toutes parts, en petits ruisseaux naturels, ou bien canalisée dans une conduite carrelée de faïence bleue qui se déverse le long de la pente dans une fontaine en ruine entre quatre cyprès. C'est là aussi que se trouve le petit pavillon délabré, comme tout le reste ; les carreaux de faïence de la façade sont tombés et gisent en miettes sur la terrasse ; les hommes ont bâti, mais apparemment ils n'ont jamais réparé ; ils ont bâti, ils sont partis, et ils ont laissé la nature donner à leur œuvre cette beauté mélancolique. Mais ce n'est pas aussi triste que ça pourrait l'être, car dans ce pays vaste et ancien, ce n'est pas à l'homme que l'on pense ; il n'a pas marqué ce sol : même les villages de terre brune ne se voient que lorsqu'on s'en approche de près, et, quand ils sont en ruine, les ruines pourraient dater indifféremment de cinq ans ou de cinq cents ans ; non, on ne pense qu'au havre que vous procure cet enclos de fouillis végétal, après les grands espaces. On a cessé d'être un petit insecte qui se traîne sur des distances impitoyables.

Il y a quelque chose de satisfaisant dans ce contraste entre le jardin et la simplicité de l'immensité géographique qui s'étend au-delà. Les murs de terre qui l'entourent s'écroulent, et par les brèches on aperçoit la grande plaine brune, coupée par les lignes pâles des trois routes : à l'est, la route de Meshed et de Samarkand ; à l'ouest, celle de Bagdad ; et au sud, celle d'Ispahan. Le regard peut errer au loin, ou, alternativement, revenir se fixer sur les petites jacinthes qui poussent là tout près. Ces plaines d'Asie sont d'une beauté extrême, mais d'un abord sévère, et l'esprit sait gré à ces jardins d'offrir, pour changer, des dimensions plus maîtrisables. Lieu ombragé, le jardin est aussi un lieu de répit spirituel. Les plaines sont désertes, le jardin, lui, est habité ; non pas par l'homme, mais par des oiseaux, des bêtes et d'humbles fleurs ; par des huppes qui piaillent « Hou ! hou ! » parmi les branches ; par des lézards qui bruissent comme des feuilles sèches ; par les petits iris vert glauque. En Angleterre, un jardin semble un luxe superflu, le paysage étant toujours tellement circonscrit, facile et sans danger ; mais ici, on comprend pourquoi il a inspiré à Saadi et à Hafiz de tels accents. La brise du soir après une chaude journée, un puits dans le désert, voilà ce qu'est le jardin pour un Persan.

Le sens de la propriété, par bonheur, n'existe guère non plus. Ce jardin-ci doit appartenir à quelqu'un, j'imagine, mais je ne sais pas qui en est le propriétaire, et personne ne peut me renseigner. Personne ne viendra me dire que je n'ai pas le droit d'être là ; parfois j'ai le jardin pour moi seule ; parfois j'y ai la compagnie d'un mendiant ; ou bien je vois un berger y faire entrer son troupeau brun et noir, et, s'asseyant pour regarder brouter ses bêtes, il chantonne des bribes d'une chanson que chantent tous les Persans au tournant de l'année, pendant les trois premières semaines du printemps. Chacun est également libre de venir profiter du lieu. Certes, hormis les fleurs des pêchers, il n'y a rien à voler et rien à dégrader que la nature et le temps n'aient déjà dégradé. Cela vaut pour le pays tout entier. Rien ne semble policé nulle part, il n'y a pas de panneaux ou de bornes pour indiquer la route ; les caravansérails sont ouverts à tous, n'importe qui peut y faire reposer ses bêtes ; on peut parcourir des centaines de kilomètres sur n'importe laquelle de ces trois routes et dans n'importe quel sens sans être contrôlé par quiconque ou par quoi que ce soit ; le code de la route n'est pas qu'un mot, on se débrouille pour avancer du mieux qu'on peut. Si l'on préfère voyager hors piste, libre à soi. On repense – tantôt avec agacement et tantôt avec regret, selon les hasards du voyage – à l'organisation minutieuse des pays d'Europe.

Les ombres s'allongent, et la lumière intense du couchant baigne la plaine. La terre brune prend la teinte foncée, somptueuse et veloutée de l'ombre brûlée. La lumière monte comme une marée sur les contreforts des montagnes, colorant les roches rouges comme du porphyre. Tout là-haut, au-dessus de la chaîne de l'Alborz, se dresse la pyramide blanche du Demavend, dont la blancheur disparaît à présent, et qui rougeoie comme des charbons ardents ; chaque jour ce pic blanc solitaire s'anime soudain pendant une dizaine de minutes. C'est l'heure de quitter le jardin, où les petites chouettes commencent à ululer en se répondant les unes aux autres, et de redescendre dans la plaine où déjà s'élève la fumée bleue des feux du soir, tandis qu'à l'ouest, prophétique, une étoile unique est suspendue dans le ciel.

3

Il y a un autre palais abandonné, d'un aspect très différent, où je vais souvent. Il est situé sur une montagne escarpée qui s'élève brutalement à partir de la plaine ; une petite montagne dont le sommet est entièrement occupé par ces bâtiments délabrés qui, de loin, ressemblent à Carcassonne en petit. C'est Doshan Tapeh – la montagne du lièvre. L'ensemble a d'ailleurs la couleur de cet animal : rochers jaune clair, plâtre jaune clair, qui rosissent au couchant. On ne s'y sent pas à l'écart du monde ; bien sûr, le palais a son jardin, mais celui-ci est au pied de la montagne, séparé du reste ; c'est un carré entouré de murs et planté d'arbres disposés symétriquement, où le shah Nasser Ed-Dir parquait ses bêtes sauvages ; mais le palais lui-même, ou plutôt ce qu'il en reste, se dresse à pic sur son promontoire, offert et sans défense, comme les rochers des montagnes environnantes. De ses arcades en ruine, la vue est magnifique. Toute la chaîne de l'Alborz s'étire comme une épine dorsale au nord ; au sud-est, les montagnes de Djâdjéroud se brisent brutalement, formant ce que l'on appelle la brèche de Meshed, où passe la grande route qui va à Meshed et Samarkand ; au sud et à l'ouest, s'étale la vaste plaine, que seules limitent les montagnes très lointaines au-delà de Qazvin. En bas dans la plaine s'étend Téhéran, si basse, et se confondant avec la couleur de la terre, au point qu'on la verrait à peine sans ces traînées de fumée bleue qui lui donnent l'apparence de quelque camp nomade. Jamais capitale a si peu ressemblé à une capitale, fût-ce celle de la Perse, en partie, je suppose, parce que cette immensité qui l'entoure la fait paraître toute petite ; pourtant, en fait, c'est une grande ville pleine de tours et de détours, avec ses souks qui courent sur des kilomètres, passant de temps à autre par des ruelles à ciel ouvert entre des murs de terre, mais retournant toujours se tapir dans des tunnels voûtés, comme une bête rentre dans son terrier.

Doshan Tapeh garde encore les marques de sa splendeur passée. Ce devait être un joli pavillon, gai et coquet, avec ses faïences aux couleurs vives, ses colonnes, ses arcades, tout cela très aérien, très haut perché, au milieu de l'immensité du ciel et des montagnes. Mais dans toutes ces malheureuses pièces, le plafond s'est effondré sur le sol en tas poussiéreux de plâtre et de faïences. Partout c'est la même histoire.

La piste qui monte au pavillon est si raide et tourne en un virage si brusque que sûrement aucune voiture n'a jamais pu la prendre. Quand Nasser Ed-Dir venait ici, ce qui arrivait fréquemment, car c'était un de ses rendez-vous de chasse préférés, ce devait être à cheval, et ses célèbres moustaches noires devaient flotter au vent en tête de la cavalcade. Maintenant les pentes sont couvertes de sauge et de lavande sauvage à grosses fleurs roses. Je n'y ai encore jamais vu de lièvre, mais, non loin de là, j'ai trouvé un porc-épic, sur les coteaux, derrière le petit château de Firouze, où poussent la tulipe sauvage, la tulipe blanche au parfum si doux, et la tulipe jaune qui ne sent rien du tout, mais qui est d'un si beau jaune d'or, et d'une forme si pure et si exquise qu'on dirait un gobelet effilé conçu jadis par un créateur qui avait le sens des lignes. Ces tulipes sauvages sont très capricieuses ; on peut parcourir des kilomètres sans en voir la trace, et puis soudain, elles émaillent le flanc tout entier d'une montagne, ployant sous la brise légère et luisant au soleil. Rien n'est plus ravissant que ces jardins de rocaille naturels sur ces montagnes, encore qu'à vrai dire, ces fleurs déçoivent par le nombre limité de leurs variétés. Mais elles se rattrapent autrement, et en particulier par l'ingéniosité qu'elles déploient pour se faire valoir. Quand elles s'y prennent ouvertement, en poussant au grand jour et en fleurissant au milieu des pierres sur d'étroites corniches, elles ont déjà un certain charme ; mais lorsque, paradoxalement, elles se cachent dans une fissure ou sous un replat du rocher, leur séduction devient vraiment irrésistible. On apprend vite à connaître leurs habitudes, comme on apprend à connaître les marottes de ses amis ; je sais qu'en bas dans le désert je vais trouver les pavots nains, rouges et violets, et les petites renoncules vermeilles – peut-être que transplantées dans un sol plus amène elles donneraient des fleurs plus grosses ; mais en grimpant un peu, je vais rencontrer les tulipes, qui aiment les pentes, et même les falaises – et elles ont bien raison –, car un terrain en pente, par effet de contraste, met en valeur leur tige bien droite, mieux qu'un terrain plat. La première fleur à sortir est l'*Iris persica* locale, qui pousse indifféremment sur les hauteurs et dans la plaine, généralement par couples, comme des mariés, l'une étant d'un blanc verdâtre et l'autre d'un blanc bleuâtre, à quelques mètres l'une de l'autre, mais il arrive aussi qu'on en trouve toute une famille de six ou huit, et parfois trois ensemble, disposées en triangle. Les scilles jaunes sont partout, et ont un parfum très fort. Tout ce qui est buisson m'intéresse moins, car mes fleurs, je les aime petites et délicates – tout jardinier, à faire des discriminations de plus en plus subtiles finit par avoir le goût du microscopique –, mais les buissons ont aussi leur intérêt, car ils sont presque tous aromatiques et d'un joli gris. Il y a un buisson épineux qui, au printemps, est couvert de fleurs rose pâle ou rouge cerise, que je n'ai pas encore identifié ; je me suis laissé dire par quelqu'un que les Persans lui donnaient le nom de fleur des neiges, mais comme la dite personne se trompait pour tout le reste, je la soupçonne de s'être trompée aussi là-dessus. En tout cas, c'est un très joli buisson, formant une boule qui ressemble à une éponge rose vif, d'une hauteur d'un mètre environ ; il pousse sur les terrains les plus pierreux, et n'a apparemment pas besoin d'eau. Je voudrais être botaniste, plutôt que simple dilettante ; mais le voudrais-je vraiment ? Car je ne suis pas sûre que le plaisir ne diminue pas au fur et à mesure qu'on acquiert plus de connaissances techniques ; je serais tentée d'en faire l'expérience, et d'étudier la botanique jusqu'à être capable de distinguer les scrofulariacées des caryophyllacées, si je ne craignais trop de découvrir, après avoir absorbé tout ce savoir, que j'ai perdu les délices de l'ignorance. Il est peu de délices qui résistent à l'effort de la recherche ; ils s'abîment, comme des fruits délicats que l'on a touchés. Il est plus prudent de ne pas en savoir trop. Je ne pourrais guère prendre plus de plaisir que je n'en prends à présent à chercher au hasard les fleurs du printemps persan ; peu m'importe que la journée se passe sans nouvelle découverte, car il y a toujours un espoir au tournant du chemin, ou de l'autre côté de la montagne ; la vallée où j'ai trouvé pour la première fois des amandiers sauvages, le ravin qui s'enfonçait au cœur de la montagne, et qui n'était que fleurs et eau cascadante, sont en eux-mêmes une gratification. Ainsi est-on toujours entraîné à couvrir de nouvelles distances et de nouvelles pages, et toujours il y a une montagne à gravir et une phrase à écrire, et l'on ne voit pas pourquoi cela prendrait fin, tant qu'il reste quelque chose à découvrir plus avant. Je ne sais plus très bien comment j'ai pu m'égarer si loin de Doshan Tapeh et de

Nasser Ed-Dir qui y montait à cheval par la piste – ce pavillon de Doshan Tapeh dont seule la salle la plus secrète demeure à peu près intacte, tandis que ses fenêtres désertées, béantes, s'ouvrent au nord sur les montagnes, et que ses murs sont tapissés d'illustrations de l'*Illustrated London News* de 1860.

4

La Perse, il est vrai, est un pays fait pour l'errance ; il y a tant d'espace, et jamais de limite, et l'heure n'est marquée que par le soleil. Mais ce ne sont pas seulement les grands espaces du pays qui vous y invitent, ce sont aussi les souks, où les Européens ne vont jamais, et dont ils parlent avec étonnement et mépris. Les Européens aiment bien faire comme s'ils vivaient en Europe ; leur maison est un petit camp fermement établi, et le trajet d'une maison à l'autre se fait les yeux fermés. Si l'on doit parler de la Perse, c'est pour s'en plaindre, comme un martyr condamné pour ses péchés à une période de bannissement. Il y a des exceptions, mais telle est la règle générale. Il est certain qu'en Perse, bien des choses sont irritantes ; l'impossibilité de faire réparer un store brisé, par exemple, ou d'acheter un objet en verre qui ne soit déparé par une bulle ; il est irritant d'être à la merci des caprices de la nature, la neige, les inondations et la boue entravant nos voyages, retardant le courrier, et interrompant les communications ; de voir partout le gâchis et la décrépitude ; d'entendre parler de corruption et de détournements de fonds impliquant toutes sortes de pratiques compliquées et lassantes ; mais l'Asie n'est pas l'Europe, et chaque pays a quelque chose de différent à donner. Ici, il est essentiel d'être résigné si l'on ne veut pas vivre dans un état de fureur perpétuelle. On peut alors en toute liberté, après s'être vidé l'esprit des préjugés européens, tourner le dos à l'Europe et assimiler des situations entièrement nouvelles.

Cependant les Européens continuent à donner des thés mondains, à laisser leurs cartes de visite, et à s'interroger sur les raisons pour lesquelles telle personne ne s'est pas montrée chez telle autre la veille. Que ce système de relations sociales est étrange et surprenant ! Ces gens ne sont pas des amis ; ils ne prennent, ils ne peuvent prendre aucun plaisir à être ensemble ; il n'y a entre eux ni intimité ni sincérité ; de plus, aucune autorité extérieure ne leur impose de telles obligations, alors au nom de la liberté humaine pourquoi tiennent-ils autant à s'infliger cela jusqu'à en périr ? Cela me dépasse ; je renonce à comprendre et je m'étonne toute seule. Car, pour ma part, je préfère les souks aux salons ; non que je m'imagine y voir « comment les gens vivent », ce qui est impossible pour un étranger, malgré toutes les bêtises que racontent certains à ce propos ; mais j'aime regarder. Cela ne fait de tort à personne, et ne dérange que moi. Dans les souks, on n'attire l'attention de personne ; beaucoup moins en tout cas qu'un derviche qui se promènerait dans Piccadilly n'attirerait notre attention. On n'est même pas sollicité par les commerçants cherchant à vendre leur marchandise ; on peut prendre son temps, retourner un lot de soieries, montrer du doigt, admirer, discuter, sans entendre les « Achète ! Achète ! »

dont on est assailli au Caire ou à Constantinople. Cela tient-il à l'apathie naturelle des Persans, ou au fait qu'ils voient très rarement des touristes et qu'ils n'ont pas encore compris tout ce qu'il y a à tirer de leur poche, je n'en sais rien. Au Caire, les marchands, qui se font concurrence, vous happent par la manche : « Ici, la meilleure boutique, vous disent-ils. Lui, à côté, pas bien. » Tandis que les Persans, eux, se contentent de vous regarder derrière leurs paupières alourdies de sommeil.

Les souks sont voûtés, plongés dans une pénombre que quelques rayons de soleil changent en un clair-obscur à la Rembrandt. Ils s'étendent littéralement sur des kilomètres. Ils sont bordés de petites échoppes, de simples éventaires plutôt que des échoppes. On ne saurait dire si l'une est plus grande que l'autre, par contre on peut dire que certaines sont plus petites que d'autres. Celles-ci – les plus petites – ont ni plus ni moins la taille de placards, ce sont de simples niches creusées dans le mur, où sont accroupis des vendeurs de pantoufles – des pantoufles de toile blanche à semelles de chiffon bleu – ou des marchands de vieux vêtements ; barbes teintes au henné et turbans verts parmi tout un assortiment coloré de hardes et de haillons. Il y a les échoppes de harnais, où sont suspendus des glands, des musettes-mangeoires à rayures, des grelots, des rênes écarlates à gros pompons de laine bleue, des selles rouges. Et puis il y a les souks des différents corps de métier : celui des artisans du cuir, qui est très calme, laborieux et haut en couleur ; celui des chaudronniers, qui résonne comme si un régiment y sonnait le gong, et où resplendissent d'énormes plateaux de cuivre accrochés au mur comme des boucliers, ainsi que des rayons entiers d'aiguières d'argent qui ont la jolie forme traditionnelle de celles qu'on voit dans les miniatures du XVIe siècle. Cuivre rouge, robuste et viril, et argent clair, lumineux et féminin, en forme de fleur élégante et paradisiaque.

Mais celles que je préfère sont les échoppes brunes des grainetiers, aux tons si sobres et harmonieux. Les balances en cuivre brillent parmi les pyramides de grain ; des tons bruns, ocre, fauves, neutres, de la ficelle et de la toile à sac, des hommes basanés mesurant le blé dans des boisseaux de bois. Je n'associe jamais l'Orient à des couleurs éclatantes, mais toujours au brun : la terre, les peaux brunes, couleur de la patine du temps. Qu'on pense par exemple à l'atmosphère ténébreuse des souks ; une file de chameaux passe avec son chargement de balles, ou bien un âne bâté transportant des légumes verts, une petite lampe à huile allumée sur le dos, son fardeau transformé en autel, comme pour le sacrifice d'Abel.

C'est l'obscurité qui domine dans ce labyrinthe voûté, une obscurité brutalement déchirée par un rayon de lumière. Aux trous ronds dans le toit correspondent des taches de soleil rondes sur le sol. Cette obscurité n'est pas seulement une réalité, c'est aussi une impression ; une sensation de vie secrète et grouillante, qui s'active à des affaires inconnues. On voit passer des visages étranges et durs ; des femmes cachées derrière leur éternel voile ; des femmes qui marchandent pour du pain ; mais ces gens, en train de vaquer à quelque besogne pratique, ont tous leur vie, leurs croyances, leurs convictions, leur fanatisme ; c'est parmi eux que naissent les bruits qui courent dans les souks : les hommes qui fument dans les cafés parlent politique et prêtent foi à des légendes extraordinaires : les Russes ont égaré un corps d'armée quelque part aux frontières du Caucase, les Anglais ont organisé un complot pour assassiner le shah ; tout cela passe de bouche en bouche ; les Persans, dont la plupart ne savent pas lire, sont encore de grands conteurs, et ils affectionnent particulièrement les histoires qui touchent ou pourraient toucher à l'actualité. Mais tout cela, on ne l'entend pas ; on a seulement la sensation oppressante de cette vie dans l'ombre ; et puis, tous ces individus qui se pressent là, on les imagine soudain pris en une masse qui foncerait en avant, unis dans un même dessein, tous ces yeux noirs brûlant d'une même ardeur.

Ce n'est là qu'un effet de notre propre étrangeté. En réalité, ces gens n'ont rien de sinistre. Mais une vie dont on ne sait rien, dont on ne voit que la surface, donne l'impression d'être mystérieuse et secrète. On est dans une situation de totale ignorance, alors qu'eux évoluent en milieu familier. Pour nous, ce sont tous des anonymes, alors qu'eux se connaissent par leur nom, leur filiation, ils sont tous parents ; cette porte dans le mur permet d'entrer chez Hossein, le marchand de cuir, dont le frère habite la rue voisine ; leurs deux maisons sont adossées l'une à l'autre, et le soir les femmes se retrouvent pour bavarder sur les terrasses des toits. (L'histoire de David, d'Urie et de Bethsabée en devient plus vraisemblable.) Il est curieux de constater combien, à l'étranger, et particulièrement en Orient, on se préoccupe des gens du commun ; dans son propre pays, on ne s'interroge guère (sauf pour des raisons plus sérieuses) sur les secrets des taudis ;

de plus, les expressions que l'on a tendance à retenir en premier dans une langue étrangère sont celles des chauffeurs de taxis, des porteurs, des commerçants – c'est comme si un gentleman d'Asie voyageant en Angleterre était tout fier de s'écrier : « Darnières nouvelles ! », comme un vendeur de journaux. Quand je conduis dans les rues de Téhéran, je suis tentée de crier *« Havar dar ! »*, comme les muletiers, plutôt que d'utiliser le klaxon. C'est le même réflexe qui donne aux auteurs l'habitude exaspérante de parsemer leurs pages de mots étrangers, généralement mal orthographiés, ou employés à mauvais escient, comme le *footing*, le *streugeul feur laïfeu*, et qui produit des héroïnes et des héros anglais de romans français tels que sir Coglowox et lady Nonatten. Cela doit relever d'une espèce de snobisme, d'un désir de s'adapter et de passer pour un initié qui, par justice littéraire sinon poétique, porte en soi son châtiment, car l'entreprise échoue invariablement. Je crains bien, avec ma prédilection pour les souks, de tomber moi-même dans ce piège, et je me demande si je ne m'étonnerais pas de l'enthousiasme d'un étranger au marché de Smithfield. On n'a même pas l'excuse d'aller à la recherche d'objets d'art, car les échoppes des souks sont extrêmement humbles et pourvoient aux nécessités de l'existence ; il y a une échoppe bleu pâle, avec des plateaux d'argent accrochés aux murs et d'énormes jattes bleues émaillées contenant du *mast*, sorte de lait caillé ; un petit garçon vêtu de blanc tourne le *mast* avec une longue cuiller ; vu de la pénombre du souk, l'intérieur de l'échoppe paraît si pâle et si frais qu'on a l'impression de regarder à travers la vitre laiteuse d'un aquarium. Le pain se vend dans des échoppes qui n'ont pas de profondeur, qui ne sont qu'un bout de mur avec des marches, et le pain brun est déroulé sur les marches exactement comme un tapis dans un escalier ; on achète le pain au poids, et on l'emporte en le jetant sur son bras comme une couverture de voyage.

Et puis les souks sont pleins de surprises ; à un endroit, c'est une épée enfoncée jusqu'à la garde dans le mur, l'épée de Rustem, dit-on, Rustem étant ici le héros de prédilection ; ailleurs, c'est une cour à ciel ouvert, ombragée par de grands arbres, où l'on peut acheter pour quelques sous toutes sortes de vieilleries exposées par terre par petits carrés comme sur un échiquier, toutes sortes de choses, depuis de vieilles boîtes de sardines jusqu'à des bouilloires en argent mises au clou par des réfugiés russes. Rien de plus tragique que ces témoins de la catastrophe russe ; ici, c'est un vieux disque de phonographe ; là, une paire de bottines à boutons, de toute petite pointure, auxquelles sont fixées des lames de patins à glace ; elles disent la misère présente de la personne, mais aussi la gaieté de sa vie passée ; et toute sympathie de principe avec Lénine s'évanouit à la vue de ce sacrifice de la personne humaine fait sur l'autel d'une fraternité forcée. La Russie semble toute proche. De fait, en Asie, les différents pays semblent plus proches les uns des autres, plus mêlés que les pays d'Europe, paradoxalement, en dépit des distances énormes ; ici, en Perse, on ne peut pas perdre de vue le fait qu'on est entouré par la Chine, la Russie, le Turkestan et l'Arabie, si lointains que soient ces pays, et si enfoncés dans leurs propres ténèbres ; peut-être parce que des vagabonds venus de ces contrées voisines finissent par arriver jusque dans les souks persans, où ils déambulent avec une allure d'étranger, leurs vêtements révélant leur pays d'origine, l'Arabe en burnous, le Russe en chemise ceinturée, le Turkmène coiffé d'un bonnet à poils, contrairement aux Européens que seul leur teint, et encore, permet de distinguer les uns des autres. Dans la cour en plein air du bazar, qu'on appelle le pré vert, les diverses nationalités se coudoient, fouillant parmi les étals, en quête d'une bribe de trésor, une boucle, ou un bouton de col, tandis que les vendeurs sont là accroupis tout près, le regard éteint, moins soucieux de vendre que de s'assurer qu'on ne leur vole rien.

Telle est la vie décousue que je mène, et ma vie en Angleterre s'effrite et disparaît, ou bien il ne m'en reste qu'une image que je crois voir dans un miroir magique, de petits clichés séparés sur lesquels je me penche et qui m'apprennent plus de choses que la réalité ne m'en a jamais appris. En fait, j'ai deux vies, avantage injuste. Ce toit du monde où fleurit la tulipe jaune, et ces souks ténébreux, grouillant d'une vie compliquée ; et puis cette toute petite Angleterre, si lointaine. Et moi que suis-je ? Où suis-je ? C'est là le problème. Où est donc mon cœur, qui tantôt se languit de son pays, et l'instant d'après déborde d'un fol enthousiasme ? Mais du moins je vis, je sens, je souffre le martyre de la constance et de l'inconstance ; mieux vaut être vivant et sensible, que d'être mort et de ne pas bouger. « Allons à Ispahan », dis-je en sortant des souks.

[illegible]

Telle est la vie [illegible] que le passé [illegible]

CHAPITRE 5

EN ROUTE POUR ISPAHAN

1

Bon voyageur, les sens toujours en éveil, Kinglake, même s'il cherche un peu trop à briller (mais c'est ainsi qu'on écrivait à l'époque), a d'excellentes remarques sur le voyage en Orient. Il ne faisait alors que traverser la Serbie, mais c'était au milieu du XIXe siècle, si bien que les lenteurs du voyage à cette époque de l'histoire compensaient les inconvénients de la géographie. « Dans les pays européanisés, se déplacer d'un endroit à un autre est pour le voyageur une opération si temporaire – j'entends par là qu'elle prend une si petite partie de son temps, que son esprit ne peut pas se fixer tant que son véhicule continue à rouler ; il sera, peut-être relativement occupé par les curiosités qui se présenteront, et par la foule d'idées que suscite souvent l'émoi du décor qui change, mais il reste conscient d'être dans une situation provisoire, et son esprit se porte sans cesse sur le but qu'il espère atteindre ; son mode de pensée habituel est interrompu, et avant d'avoir pu prendre de nouvelles habitudes mentales, le voilà tranquillement installé dans son hôtel. Il en est tout autrement quand on voyage en Orient. Jour après jour, ou peut-être semaine après semaine, ou mois après mois, on a le pied dans l'étrier. Sentir l'haleine froide du petit matin, mener la cavalcade allègre ou la suivre jusqu'au coucher du soleil à travers les forêts et par les cols de montagne, le long des vallées et des plaines désertes, tout cela devient un mode de vie, et vous montez votre cheval, buvez et maudissez les moustiques aussi régulièrement que vos amis en Angleterre mangent, boivent et dorment. Si vous êtes un sage, plutôt que de considérer que ce grand laps de temps ainsi passé à se déplacer n'est qu'un golfe qui vous sépare de la fin du voyage, vous y verrez une de ces rares périodes malléables de la vie dont, plus tard, vous aimerez peut-être à penser qu'elle a déterminé la formation de votre caractère – c'est-à-dire votre personnalité même. Qu'on ait ce sentiment, et bientôt on sera heureux et satisfait de vivre sur une selle. » Combien Kinglake avait raison ! Comme lorsqu'il parle, ailleurs, d'aller « vérifier les paroles du poète avec une carte et une boussole ». C'est seulement après avoir vécu ce que lui-même avait vécu que j'ai compris pleinement ce qu'il voulait dire. De même que le fait de recopier le passage d'un livre permet, grâce à l'opération lente et minutieuse de l'écriture, de peser la valeur des mots et d'extraire (de ce qui aurait pu passer pour une phrase ordinaire) la signification profonde d'une affirmation prudente et mesurée, le fait d'adopter un certain mode de vie permet de pénétrer personnellement le sens profond de cette vie. Je n'ai pas eu, il est vrai, comme Kinglake, à m'habituer à l'étrier et à « vivre sur une selle », j'ai seulement dû m'adapter à conduire une Ford ; mais malgré cela, ce mode de vie m'est devenu familier et naturel, comme il était devenu naturel pour Kinglake de charger son cheval de bât ; dès la fin du premier jour, je jetais instinctivement des coups d'œil sur le côté pour voir si les bidons d'essence qui y étaient attachés n'avaient pas glissé, ou si les sacs de toile qui contenaient notre couchage avaient toujours la même inclinaison le long du garde-boue ; chaque objet utilitaire avait sa place : la cuvette émaillée qui glissait sans cesse sous la pédale d'embrayage et l'accélérateur, la grosse peau de mouton qui était tantôt ingratement rejetée à l'arrière et tantôt ramenée à l'avant quand le vent sifflait en courants d'air au passage des cols. On peut charger une quantité considérable de choses sur une voiture si on sait comment s'y prendre et si on ne craint pas d'abîmer la peinture. C'est une chose que l'on peut apprendre des Persans, qui traitent une automobile exactement comme si c'était une bête de somme. Depuis des générations ils sont habitués à entasser des marchandises diverses sur leurs chameaux et sur leurs ânes, ne s'arrêtant que lorsque les pattes de l'animal commencent effectivement à céder, si bien qu'avec leur bête de somme moderne et plus rapide, ils n'arrêtent le chargement que lorsque la suspension commence à grincer et que les pneus sont presque à plat. Sur la route, on croise des engins que le chauffeur anglais moyen hésiterait à prendre pour des voitures. Les pauvres petites Ford disparaissent quasiment sous les énormes balles qui se gonflent au-dessus des garde-boue ; et, comme si ça ne suffisait pas, huit ou neuf hommes s'entassent sur la voiture, qui est conçue pour cinq personnes ; ils se perchent sur les balles comme des moineaux sur une meule de foin, s'accroupissent dans la capote, et s'assoient volontiers à califourchon sur le capot. Même ainsi, le piéton qu'ils dépassent en chemin va héler gaiement la voiture et demander à monter ; il grimpe comme il peut lui aussi, le véhicule surchargé se remet en route, roulant en permanence au maximum de sa vitesse, en dépit des trous et des fossés. Nous avons nous-mêmes voyagé à la mode persane, sans avoir à compter sur quiconque pour la nourriture, ni même pour le logement, avec nos lits de camp et nos couvertures, des vivres dans des havresacs, des bouteilles entassées dans un seau de toile verte ; et fort agréable a été le sentiment de liberté qui en a résulté, ayant éliminé toutes les vétilles embarrassantes de la vie courante et tout le superflu. C'était assurément une de ces « rares périodes malléables », qui ne se mesurent pas à la durée – car nous n'avons passé que quatre jours et quatre nuits sur la route – mais à l'éclaircissement de l'esprit, à des valeurs matérielles différentes, à un sentiment de libération.

2

Nous avions l'intention de partir trois jours plus tôt, mais nous fûmes retardés par une chute de neige. Jamais on n'avait connu pareille chute de neige en avril, nous affirma-t-on ; et il est vrai que l'effet était fort étrange : les iris, la glycine, le lilas, les roses en pleines fleurs ployaient sous ce fardeau blanc, une saison empiétait sur l'autre, l'hiver débordait sur le printemps. L'Alborz, dont les neiges s'étaient vite retirées vers le sommet, reparut soudain tout blanc un matin ; le Demavend, dont les pentes inférieures s'étaient couvertes de bandes de terre plus foncées, arborait à nouveau une surface blanche et lisse. Une neige pareille, c'étaient des inondations en perspective, car elle allait fondre aussi vite qu'elle était venue. Des gens qui revenaient d'Ispahan signalèrent des inondations sur la route ; ils avaient roulé toute la nuit, et ils étaient arrivés à quatre heures du matin, trempés par la tempête, à demi morts d'angoisse et d'épuisement ; ils nous conseillèrent d'attendre. Il était si courant d'être ainsi retardé et d'avoir à modifier ses projets à cause d'un emportement soudain de la nature qu'on ne pouvait qu'accepter la situation avec résignation : nous attendîmes deux jours que la neige se retire et que la terre redevienne brune.

Nous quittâmes Téhéran à l'aube, par des rues encore fraîches grâce aux efforts des hommes de la voirie qui, de façon peu scientifique mais efficace, jettent sur la chaussée des brocs et des seaux et même des casseroles d'eau qu'ils puisent dans le caniveau, et bientôt nous arrivâmes à Qom, dont la grande mosquée dorée brillait de tous ses feux au-dessus d'un champ de blé en herbe. Nous avions traversé des sites étranges et désolés sur presque cent cinquante kilomètres. Des formations géologiques curieuses donnaient au paysage l'aspect d'un monde mort ; assez semblable sans doute à certaines régions lunaires, et aussi dépourvu de vie, à l'exception des geais bleus, des guêpiers bleus et orangés, et de quelque vautour brun qui de temps à autre, déployant ses ailes, s'enfuyait de ce vol particulier si disgracieux à ras du sol, et si noble quand l'oiseau atteint les hauteurs, qui sont son vrai domaine. Nous avions éprouvé cette sensation, si fréquente en Perse, d'arriver au sommet d'une chaîne de montagnes et de découvrir en contrebas d'autres vastes étendues, mais cette fois il ne s'agissait pas exactement d'une plaine, car cette étendue était sans cesse hérissée de nombreux accidents, des rochers étranges qui semblaient avancer en bataillons, comme dans les rêves d'un peintre fou, sans beauté, mais curieux et insolites, et auxquels l'imagination prêtait des ressemblances extravagantes. Tantôt on avait l'impression de voir s'avancer un régiment de tortues géantes, malignes sous le couvert de leur carapace ; tantôt, tels des engins de guerre meurtriers, des rochers vous menaçaient du haut d'un promontoire, figés en ordre de bataille ; et tantôt la monotonie du brun était rompue par la tache cramoisie d'une falaise, ou par une touche de vert turquoise, comme si on avait vaporisé là quelque produit chimique funeste.

Puis nous dépassâmes cette région et nous arrivâmes au sommet de la chaîne suivante, et à nos pieds nous vîmes le lac de sel, miroitant comme une opale, vaste et laiteux, et qu'on ne soupçonnerait pas d'avoir englouti tant de caravanes dans ses sables mouvants. Sur tout ce parcours, quand nous eûmes dépassé l'oasis du shah Abdül Azim et les marais d'Hassanabad, nous ne trouvâmes guère d'habitations qu'en arrivant à Qom, où le blé sortait de terre et où la mosquée se dressait au-dessus des champs de blé sur l'autre rive ; mais nous ne pouvions pas nous y arrêter, et nous repartîmes à la hâte, après nous être rempli les yeux de la beauté du grand dôme doré qui domine de sa forme arrondie les toits bruns et les champs fertiles et verdoyants. Nous continuâmes, et le paysage changea ; nous étions maintenant sur les hauts plateaux, et les monts étaient plus accusés ; la neige reparaissait sur les sommets, et à nouveau les pentes étaient creusées d'ombres bleues profondes. Nous étions remontés sur le toit de l'Asie. Et nous avions maintenant la compagnie d'un spectacle à la fois familier et nouveau : la pyramide du Demavend qui, vu de Téhéran, compagnon de chaque jour, n'était qu'une montagne parmi d'autres, mais qui à présent, à cent cinquante kilomètres de distance, dominait tellement les autres qu'à le découvrir nous ouvrions de grands yeux incrédules. Il était là, énorme dans le lointain ; si haut que nous crûmes d'abord qu'un nuage avait imité sa forme. Et puis, quand le soleil sombra, sa base fut coupée par un effet de lumière, si bien qu'il ne resta que la pyramide, séparée du reste, blanche et lisse, mais bientôt teintée de rose – une île rose flottant dans le bleu. Nous avions beau nous en éloigner, il resta longtemps comme un fanal rouge au nord, jusqu'à la tombée de la nuit, où il disparut mystérieusement et en silence.

Cependant nous avions bien assez du spectacle qui s'offrait tout près de nous sans qu'il fût besoin de tourner la tête pour contempler ce Demavend qui ressemblait à un flamand rose passant dans le ciel, car, sur notre haut plateau désert, le couchant s'était surpassé en beauté. Désert, certes, car nous ne rencontrions guère qu'un berger et son troupeau, ou un cavalier solitaire parcourant la plaine pour se rendre dans quelque village sur les collines. Ces êtres-là, immuables depuis des temps immémoriaux, avaient été les seuls témoins de splendeurs comme ce coucher de soleil que nous admirions à présent, depuis les temps très anciens où cette partie du globe s'était figée dans ses formes définitives après le chaos primitif. Nous ne faisions que capter un instant de cette beauté profuse ; l'aube continue à se lever sur ces hauts plateaux d'Asie pendant que l'Angleterre dort encore, et le couchant teinte ces montagnes pendant que l'Angleterre s'active aux tâches de la mi-journée. À trois heures de l'après-midi, je peux me dire qu'à l'est les collines rougissent, et qu'à l'ouest elles s'assombrissent et virent au bleu sous un ciel jaune, dans une solitude aussi grande que celle qui régnait avant le peuplement de la terre.

Une heure après la tombée de la nuit, nous arrivâmes à Dalidjan, non sans avoir commencé à croire que c'était un lieu qui n'existait que sur les cartes, et, quittant la route, nous remontâmes des ruelles étroites entre des murs de terre pour atteindre la maison du chef du village. La lune s'était levée, projetant des ombres profondes, éclairant de petites cours à travers l'ouverture noire des porches. Le village était comme une ville forte du Moyen Âge, labyrinthique et secret. Les deux hommes qui couraient devant nous pour nous montrer le chemin nous firent arrêter devant une entrée voûtée ; c'était la maison du chef, où l'on devait nous donner une chambre pour la nuit. Cette maison plus ou moins croulante, était disposée autour d'une cour intérieure, comme toutes les maisons persanes ; le clair de lune formait un lac au milieu de la cour, et, dans un coin sombre, des silhouettes de femmes étaient accroupies autour d'un brasero. La chambre qu'on nous donna était simple et propre, blanchie à la chaux, avec trois ouvertures en arcade donnant sur la cour. Il n'y avait aucun meuble, simplement des lampes et des théières alignées dans les alcôves. Nous nous assîmes sous les arcades pour fumer, nous contentant du silence, et là, au clair de lune, dans ce village perdu de Perse, nous eûmes le sentiment qu'un long trajet dans le temps et dans l'espace nous séparait de l'aube qui avait vu notre départ de Téhéran. Les voyages en train ne permettent aucune intimité avec le pays qu'on traverse – rien de comparable au rapport intime que l'on entretient avec une route dont on parcourt chaque kilomètre : on s'arrête quand une touffe de fleurs au bord du chemin attire l'attention, on s'arrête à nouveau pour manger et boire à l'ombre d'un rocher, on s'assied par terre pour regarder tournoyer les vautours et courir les insectes, on déloge un lièvre de son gîte, on s'identifie un instant à un lieu reculé et peu fréquenté, qui a sa vie propre, et que, selon toute probabilité, on ne reverra jamais.

3

Le lendemain matin, les lacs et les ombres du clair de lune avaient disparu, mais des lacs de soleil plus éclatants, et les ombres de la journée, non moins profondes, les avaient remplacés. Les femmes étaient occupées à filer dans la cour. Des écheveaux de laine écarlate et jaune étaient accrochés sous les arcades ; et les femmes, un foulard écarlate noué autour de la tête, étaient accroupies sur la marche, les fuseaux tourbillonnant sous leurs mains expertes. Je les photographiai, et elles m'assiégèrent, demandant à voir le résultat ; je dus expliquer qu'il leur faudrait attendre au moins trois semaines que le fourgon postal apporte les photos. Elles eurent l'air déçu, comme si elles doutaient un peu que les clichés leur parviennent jamais ; était-ce parce qu'elles ne me faisaient pas confiance, ou parce que, avec quelque raison, elles n'avaient pas confiance en la poste, je ne sais pas.

Nous sortîmes tranquillement du village par les ruelles bordées de hauts murs bruns, et, tout d'un coup, à un détour du chemin, nous nous retrouvâmes dans la plaine. D'en bas, le village ressemblait plus que jamais à une ville forte, avec sa porte qui creusait un trou noir dans la muraille, ses tourelles qui ressemblaient à des barbacanes, son absence de fenêtres ou d'ouvertures quelconques – tout cela donnant l'impression d'une forteresse. Tout était brun et bleu ; le brun de la plaine et du village, le bleu du ciel et des montagnes lointaines avec leurs légères coulées de neige. Le tableau était animé, car au pied de la muraille, une file de jeunes femmes allaient et venaient – elles étaient six ou huit – à quelques mètres les unes des autres, tenant une quenouille à la main, marchant le long d'une grande traîne de laine posée à terre entre des chevilles de bois ; et, tout en avançant, elles ajoutaient à cette traîne le fil de leur quenouille en le maintenant à terre avec un bâton fourchu, passant d'un côté et de l'autre des chevilles, un peu comme au jeu du berceau. Je ne puis imaginer quel était le but de cette occupation, car la laine des quenouilles n'était pas emmêlée, et, après l'avoir ainsi déroulée et étendue par terre, je ne vois pas ce qu'il restait d'autre à faire que de l'enrouler de nouveau. Mais c'était leur affaire ; elles offraient cependant un spectacle fort agréable et surprenant ; un spectacle très satisfaisant aussi, en ce qu'il évoquait une tâche paisible et primitive, qui semblait trouver naturellement sa place parmi les occupations des hommes, partagées entre la rudesse des labours et la paresse de la vie pastorale. Quel repos pour l'esprit que cette communauté simple, qui cultivait un peu de blé, élevait juste assez d'agneaux et de chevreaux pour ses besoins en viande et en peaux, et tissait de l'étoffe pour son propre usage ; elle se suffisait à elle-même, bien loin des viles ambitions de l'industrie. C'était comme un retour à un monde innocent, là, sous les murs de Dalidjan, au petit matin ; un monde qu'on aurait pu à juste titre qualifier d'idéal s'il avait eu, en plus, un médecin et un dispensaire. Et comme j'avais décidé de parcourir la Perse en m'en tenant aux apparences, et en fermant les yeux sur les maladies et sur la corruption politique, qui n'étaient pas de mon ressort, et contre lesquelles je ne pouvais rien, je m'imaginais que c'était là véritablement une communauté idéale, même si c'était une façon bien superficielle de voir les choses. À partir de Dalidjan, la route traversait une plaine couverte d'asphodèles, qui disparurent du paysage aussi brutalement qu'ils y étaient apparus, avec cette irrégularité imprévisible qui caractérise toute vie végétale en Perse. On n'a pas l'impression que le milieu change, ce qui expliquerait de tels caprices de la part des fleurs, mais voilà, ou bien elles poussent ou bien elles ne poussent pas, c'est tout. Les molènes, qui d'habitude aiment les terrains humides, s'étaient disséminées sur cette plaine aride, faisant hélas un mauvais choix, car elles avaient l'air de pauvres petites choses poussiéreuses et faméliques, qui seraient toutes recroquevillées bien avant que n'arrive la saison où elles brandissent habituellement leur flèche jaune. Nous étions sur les hauts plateaux, à quelque trois mille mètres d'altitude, de sorte que les sommets déchiquetés des montagnes parallèles à notre route, en bordure de la plaine, étaient encore tout enneigés, bien que leur hauteur parût insignifiante. C'était-là – nous en convînmes en avançant tant bien que mal sur cette route interminable et cahotante – c'était là le type de paysage qui donnait plus que tout autre l'impression d'être en Asie centrale. On est à une telle altitude qu'en dépit de la chaleur du soleil, les zones enneigées semblent toutes proches ; on respire un air d'une pureté incomparable ; on a la sensation d'être sur le toit du monde ; on découvre, au-delà de la chaîne de montagnes la plus proche, une autre chaîne, plus lointaine et plus bleue – c'est ainsi qu'on se représente le Tibet, et le Pamir. Et puis, nous avions pour nous seuls ces hautes solitudes immenses, au fil des kilomètres et des plaines qui se succédaient, car nous franchissions de nombreux petits cols, à peine dignes de ce nom, qui nous ouvraient toujours la perspective nouvelle d'une plaine aussi vaste que celle que nous venions de conquérir. Contrée décourageante à parcourir à cheval, assurément, car chaque perspective nouvelle qui s'ouvrait devant soi représentait un voyage d'une journée pour la monture. Il ne faut pas croire cependant que le voyage fût monotone, car tantôt nous rencontrions une petite oasis de verdure – vert éclatant du blé en herbe, peupliers tout juste en feuilles bien droits au bord d'un ruisseau – avec quelques maisons de pisé, et tantôt, brusquement, nous pénétrions dans des gorges infernales, ténébreuses et sinistres ; mais toujours on revenait à découvert et la vue s'étendait encore une fois sur le plateau et les montagnes, et sur la longue route toute droite qui menait trente ou quarante kilomètres plus loin.

Et ces plaines, si désertiques fussent-elles, étaient souvent arrosées, pour ainsi dire (quoique de loin en loin) par de grands lacs aux rives couvertes de roseaux qui reflétaient les sommets enneigés dans le miroir de leurs eaux chatoyantes. À certains endroits, en effet, les montagnes surgissaient du lac comme des îles, aussi fantastiques que les paysages étranges de Léonard de Vinci, avec les mêmes rochers et le même bleu profond. Parfois le lac apparaissait juste devant nous, en travers de la route, coupant la base des montagnes, qui flottaient, immatérielles, et même diminuaient de volume, jusqu'à disparaître complètement, comme une chandelle qu'on souffle – mais elles reparaissaient, émergeant de petits nuages inconsistants au cœur du mirage et reprenant leur forme, encore isolées et irréelles, mais rejoignant les autres au fur et à mesure que nous en approchions, pour former de nouveau une chaîne complète qui fermait la plaine. Tantôt le lac se trouvait à droite, tantôt il était à gauche de la route, soit qu'il s'étendît largement et paisiblement au pied des montagnes et reflétât les sommets et le ciel avec une application déconcertante, soit qu'il coupât le bas de la montagne, comme un rivage marin ourlant le bord d'une contrée fabuleuse, hérissée de pics, où s'élevaient des étages successifs de crêtes bleues et dentelées qui semblaient suspendues dans les airs, dans une irréalité extravagante et charmante. Cela créait pour l'œil un monde mythique où la matière et l'illusion flottaient de pair et se mariaient de façon romantique ; d'autant plus romantique qu'on savait que jamais on ne reverrait exactement la même chose, les mêmes déformations, les mêmes combinaisons de brume et de lumière, d'éléments cachés et dévoilés. Un monde éphémère, aux formes changeantes, où l'on entrevoyait des ravins et des cavernes, des lacs et des lagunes au flanc des montagnes, lieux magiques, tous habités par des nymphes et des monstres, des chimères, des dragons et des êtres fabuleux et enchanteurs ; un monde de grottes et de profondeurs bleues, de reflets doublement trompeurs, puisque ni le miroir ni l'image n'existaient réellement ; un monde que nous étions les seuls à voir, et qui se déplaçait, se transfigurait et se recréait perpétuellement. À Venise, il y a un tableau, de Bellini je crois, montrant Vénus assise dans un bateau, tirée, ou du moins accompagnée par des chérubins qui nagent dans les eaux vertes à ses pieds, et derrière elle se dresse un paysage bleu qui est la réplique exacte de ce monde-ci, baignant dans une lumière surnaturelle qui est moins celle des fonds marins que des grottes marines ; c'est ce monde-là, avec cette lumière-là, qui s'étendait devant nos yeux, tout proche, sans que nous ayons toutefois aucun espoir de jamais l'atteindre, de jamais visiter ses repaires enchanteurs ou de plonger le regard dans ces faux miroirs limpides qui, comme celui du conte, auraient pu nous renvoyer l'image d'événements lointains, ou le visage de l'être bien-aimé ; car il existe sûrement, dans quelque pays désert de notre monde, une légende selon laquelle celui qui plongera son regard dans les eaux d'un mirage contemplera une image que personne d'autre ne pourra voir. Ces plaines sans eau, où pourtant l'eau existe, semblent se prêter particulièrement à la superstition. Nous vîmes encore d'autres phénomènes, par exemple ces démons qui, à une certaine distance, s'élevaient dans une colonne de poussière et disparaissaient dans un tourbillon, sans suivre la direction du vent, comme on s'y serait attendu, mais déguerpissant au contraire en sens inverse, comme s'ils n'en faisaient qu'à leur tête et refusaient de se soumettre aux volontés plus intelligibles de la nature.

Ce jour-là, nous ne trouvâmes d'ombre nulle part ; alors nous nous arrêtâmes pour prendre notre déjeuner dans un caravansérail en ruine dont les arcades démolies faisaient un cadre aux pics neigeux et au ciel bleu, puis nous remontâmes en voiture avec tout notre chargement et, après deux heures de route environ, avec pour compagnie des vols de papillons dont l'ombre dansait dans la poussière à nos côtés, nous franchîmes un petit col et, devant nous, au fond de la plaine, nous vîmes apparaître deux dômes bleus au-dessus d'une étendue verte. La route devint molle et sablonneuse ; cette dernière partie du trajet nous parut la plus longue. Finalement, nous atteignîmes des champs de melons, et des champs de pavots, et nous commençâmes à voir des paysans qui travaillaient dans les champs ou qui conduisaient leur âne à la ville, et tout d'un coup nous nous trouvâmes entre des murs, puis dans une rue pleine de monde, et au bout de cette rue se trouvait la Meidan d'Ispahan.

4

C'est prendre un grand risque que d'aller à Ispahan. Il est plus sage de ne se rendre qu'en esprit dans des villes au nom si beau ; « ni à Boukhara, ni à Samarkand, ni à Balkh... », dit le poète persan qui, comme Milton et Marlowe et bien d'autres encore, avait manifestement un faible pour les noms romantiques. Mais en fait, le danger n'est pas grand ; car Ispahan, au pied de ses montagnes, au cœur de la Perse, est restée aussi fidèle à la promesse de son nom qu'elle l'était au temps des aventures d'Hajji Baba dont on devrait toujours avoir un exemplaire en poche. On voit se presser dans les rues tous les personnages du récit de Morier : le scribe, le mendiant, le vendeur d'eau, la femme au voile blanc, le marchand à cheval avec son apprenti en croupe. Sur la Meidan, un derviche assis par terre racontait une histoire ; la foule était assise autour de lui en cercle, bouche bée, les yeux quasiment exorbités tandis que le saint homme entrait dans un véritable délire en narrant les exploits de son héros (car les histoires des Persans sont surtout des histoires héroïques, et l'épopée des rois écrite par Firdusi est leur récit préféré). Avec sa longue barbe, son haut chapeau, ses ongles orangés et ses petits yeux féroces qui lançaient des éclairs au milieu de son visage hirsute, il avait vraiment l'air farouche et inspiré, comme si, débitant son histoire depuis cinq cents ans, il en arrivait seulement au moment crucial. C'était le soir ; il y avait peu de monde sur la Meidan ; seuls s'y promenaient quelques badauds, des hommes en longue robe, dont l'ourlet soulevait de petits remous de poussière ; ils arpentaient la place comme des hommes d'étude arpenteraient un cloître, les mains dans le dos, la tête penchée, conversant d'un air grave. À une extrémité de la vaste Meidan se dressaient le portail bleu et le dôme turquoise de la mosquée ; à l'autre bout s'ouvrait, béante, l'entrée du bazar ténébreux ; la religion et la cupidité face à face. Fanatisme, troc, pénombre du soir et conteur, il y avait tout cela à la fois dans cette cité orientale. Le gracieux petit pavillon de l'Ali Qapou, au milieu, semblait une fleur dans le crépuscule. Je n'arrivais pas à croire que j'étais à Ispahan ; cela paraissait invraisemblable. « Jouta à Aspramont ou Montalban... » Les poteaux de but en pierre étaient là, près de l'entrée voûtée du bazar, car autrefois on jouait au polo sur la Meidan. Le derviche était là, qui faisait monter le ton de sa bouleversante histoire ; un cavalier avait arrêté son cheval et, assis sur sa selle, il écoutait ; une longue lance bien droite était enfoncée dans son étrier. Quelqu'un avait allumé un brasero, qui produisait des effets d'ombre étranges parmi la foule et éclairait par intermittence le visage du derviche. Un langage guttural jaillissait des lèvres de cet homme au bord de l'extase. Il agitait les mains de façon insensée. Mais tout autour, dans le demi-jour qui entourait ce foyer de lumière et d'exaltation, la Meidan s'étendait comme un lac paisible, longue, étroite et plane ; et à l'intérieur du portail, brûlait une lanterne unique, indiquant l'entrée de ce repaire obscur et insondable.

5

Le jour suivant, je montai sur la terrasse de l'Ali Qapou, et je regardai avec envie, en direction du sud, au-delà des toits de la ville, la route qui mène à Chiraz et à Persépolis. Je n'avais pas le temps d'aller jusque-là en ce mois d'avril, mais c'était un plaisir que, loin d'abandonner, je remettais à plus tard ; de sorte que mes regards d'envie étaient dénués d'amertume, et je me retournai pour contempler les monts dentelés de Bakhtiar, que je devais traverser l'année suivante aussi, à pied, avec un petit convoi de mulets pour transporter ma tente et mes bagages. Tout cela me donnait un sentiment agréable de plaisir à venir ; et c'était agréable aussi de savoir que je reviendrais à Ispahan, car il est très poignant de se dire : « C'est un lieu que je ne reverrai jamais. » Pourtant, pensais-je, ce ne devait pas être tout à fait normal d'attacher, instinctivement, autant d'importance aux lieux ; cela trahissait une certaine superficialité de l'esprit, une attitude trop matérialiste ; j'avais cru m'émanciper en m'arrachant à mes racines, mais voici que déjà mon amour de la Perse me tenait dans ses rets. Pire encore – car l'amour de la Perse était, après tout, une chose compréhensible et raisonnable –, je m'étais surprise à ressentir de véritables pincements de cœur tout au long de ce voyage ; même pendant la traversée de l'Inde, où, voyant une route que j'avais envie de prendre, je me disais que cette route, que je voyais virer et se dérouler, j'allais brusquement en être séparée à jamais. Ces coups de foudre passagers mais fréquents me causaient de réelles inquiétudes ; je n'aurais dû réagir de façon aussi vive, je le sentais bien, que devant des êtres humains, et il n'était pas normal que la nature puisse enflammer et troubler l'âme plus fortement que la nature humaine. Dans de telles dispositions, on faisait peut-être un bon voyageur, mais on faisait sûrement aussi un piètre ami. Le monde extérieur prenait trop d'importance ; somme toute, je l'aimais tant que c'en était douloureux ; mais tout en agitant ces pensées, le regard posé sur les toits d'Ispahan, je savais que je n'y pouvais rien : ces montagnes, cette route de Chiraz me serraient le cœur. J'étais une victime, et, comme quiconque est esclave de sa nature, je ne pouvais échapper à moi-même. Seulement, avec une telle nature, je n'avais guère à espérer la sympathie ou la compréhension d'autrui ; c'était absurde, exagéré. Mieux valait garder cela pour moi, – mais si je devais consacrer un livre à ce point faible de mon caractère, cela présenterait quelque difficulté.

L'Ali Qapou trembla sous moi ; je crus d'abord à un tremblement de terre qui allait réduire Ispahan à un magnifique nuage de poussière, mais je compris bientôt que ce tremblement était simplement dû à la faiblesse et à la fragilité du vieil édifice. Alors je restai où j'étais. J'avais vue sur le bassin du Pavillon aux quarante colonnes – le Tchéhel Sotoun – qui est bordé de pins parasols et s'arrête net au pied du petit palais, sur la Meidan, où se promenaient de tout petits personnages, et où passait une voiture de la taille d'un jouet, suivie par un tourbillon de poussière. J'arrivais presque à voir l'intérieur de la cour de la mosquée – ce sanctuaire interdit aux infidèles. Plonger du regard dans la ville du haut d'un toit qui domine tous les autres, c'est en voir un aspect nouveau ; tout apparaît sous un angle étrange ; des cadrages insolites vous donnent de petits tableaux complets, semblables aux vignettes des peintures médiévales ; par exemple, entre les dômes bleus, je voyais un groupe de maisons brunes et les montagnes qui se profilaient à l'horizon ; ou bien, à travers les ogives d'une fenêtre, je voyais la bulle ronde d'un dôme bleu, comme une énorme mappemonde, où les mers et les continents étaient figurés par la marque des carreaux de faïence qui s'étaient détachés par endroits. Sur le toit, un badaud avait amplement de quoi se distraire, et quand on quittait ces solitudes aériennes pour resdescendre sur terre, on avait un peu le sentiment d'arriver dans un monde dont on avait déjà profité en secret, dont on avait fait la connaissance par des voies clandestines et même un peu honteuses.

6

Dans la pénombre d'un atelier sombre, blanchi à la chaux, perchés sur leurs échafaudages, les tisserands du bazar maniaient leurs fuseaux, assis jambes pendantes à six mètres au-dessus du sol, la chaîne et la trame du tapis tendues devant eux. Assis sur un rang, comme des hirondelles sur un fil télégraphique, ils étaient dix ou douze à tisser de toute la vivacité de leurs mains expertes. Petits garçons portant une calotte en cachemire, jeunes gens vêtus de toile bleue, ils montraient leurs dos alignés et leurs pieds croisés qui se balançaient dans de longues pantoufles pointues en toile blanche, et, tout en tissant, ils bavardaient, tirant sur les fils de laine de couleur, resserrant leurs points, se penchant en avant pour se saisir d'un autre écheveau. Au fur et à mesure que les yeux s'habituaient à l'obscurité, on voyait apparaître la riche texture des bleus et des rouges ; comme une vie inachevée, le tapis était tendu sur le métier, les motifs de la partie inférieure nettement dessinés, mais la partie supérieure encore nue, la trame brune attendant l'ajout quotidien des quelques centimètres du motif. Des rayons de lumière, traversant la pièce comme des lances, tombaient des ouvertures du plafond, et tremblotaient en cercles sur le sol. Dans un coin se dressait un grand cadre en bois, un appareil primitif et grossier de supports, de rouleaux et de poulies, tendu de ficelles ; accroupies devant, trois femmes, de véritables Parques, filaient la laine en l'enroulant sur des quenouilles. Les lourds écheveaux de laine pendaient comme des grappes de fruits ; rouges comme des grenades, bleus comme des raisins, jaunes comme des citrons ; ils sautaient et dansaient pendant le filage ; les doigts calleux couraient le long des brins de laine étirés, les dépouillant de leur barbe, puis un rapide mouvement de torsion les faisait monter sur la quenouille en une pelote conique. Les femmes levèrent les yeux avec un sourire : c'était là un domaine où leur savoir-faire battait en brèche la supériorité de l'étranger. Toute leur vie, me disais-je, jour après jour, elles sentaient cette laine rêche leur passer entre les doigts, et ce contact devenait sans doute la seule sensation physique qu'elles connussent vraiment ; la chose unique, habituelle, qui hantait leur semi-conscience dans cet état intermédiaire entre le sommeil et la veille. Mais elles ne se doutaient pas de mes cogitations ; et quand bien même s'en seraient-elles douté, elles n'y auraient pas attaché d'importance, ou bien elles n'auraient pas compris, pas plus que les potiers égyptiens, car leur vie est dure et terre à terre, et elles n'ont pas de temps à perdre à ces subtilités qui font le délice des oisifs. Un art immuable, traditionnel ; cet atelier rudimentaire conservait toute la qualité des métiers anciens, il était semblable, par essence, à l'atelier du charpentier, à la forge et au pressoir ; il y avait là toute la maladresse laborieuse de ces métiers immémoriaux, mais aussi une âme, qui faisait défaut à des techniques plus adaptées. L'art des tapis n'est pas mort en Perse. Non seulement il prospère à Ispahan, mais, dans les tribus nomades, les femmes tissent sous la tente, fidèles aux motifs traditionnels de leur province ; elles tissent pour leur propre usage, et pour les marchés, perpétuant cet art héréditaire, dans leurs montagnes auprès du feu. En Angleterre, qui saura regarder avec intelligence le tapis sur lequel on marche ? Parmi tous ceux qui observeront les détails d'un tableau ou d'un fauteuil, qui accordera une attention aussi minutieuse à un tapis ? Pourtant un tapis est une œuvre d'art qui a la particularité de pouvoir satisfaire les goûts les plus divers ; ce n'est pas un ornement inutile, c'est une nécessité, et de plus, la symétrie de ses dessins répond à une certaine prédilection humaine pour la répétition des formes. Il peut avoir le caractère plat de la fresque ou la profondeur et la richesse du tissage. Et pourtant, rares sont ceux auprès de qui il est en faveur, et même ceux-là le traitent fort mal parfois en l'accrochant au mur, or ce n'est pas sa place.

En regardant les tisserands et en réfléchissant à toutes

ces choses, la rage me prit, et j'enrageai plus encore en pensant au goût dégénéré des Persans eux-mêmes qui, en dépit de la grande tradition qu'ils ont derrière eux, traitent un tapis comme un tableau, non seulement en l'accrochant au mur, mais en lui faisant représenter de véritables scènes, des combats d'archers par exemple, des chérubins voltigeant au milieu des orangers, ou de jeunes femmes faisant des libations à leurs amants. Telles sont les productions qu'ils estiment et qu'ils exhibent avec fierté, prenant un plaisir bien oriental à se montrer si ingénieux. Je me remémorais comment, à Constantinople, avant la guerre, quand tout ce qui venait d'Asie s'écoulait par cette voie pour gagner les marchés européens, on pouvait passer paresseusement un après-midi entier dans une boutique où l'on déroulait devant vous des tapis tous plus beaux les uns que les autres, avec leurs teintes profondes et passées, trésors de l'Ispahan du XVIe siècle. À présent, bien qu'aucun motif nouveau n'ait remplacé ceux d'autrefois – pourtant les possibilités sont infinies –, et bien que les tisserands des tentes et des villages s'en tiennent prudemment à la tradition, les Européens ne s'intéressent guère à cet art ancien, et les Persans les plus riches font du tapis moderne un produit aussi corrompu qu'il est possible. Seuls les ouvriers sont restés dans la bonne voie. Les artisans ne s'écartent pas du droit chemin. Ce qui se fabrique à la main, ce qui s'élabore dans un rapport intime entre la chose créée et celui qui la crée, vit d'une vie propre, tant que des trafiqueurs prétentieux ne viennent pas s'en mêler. Indignée, je quittai le bazar et sortis au soleil.

7

Mais ce que j'ai vu de plus plaisant à Ispahan, et de loin – une de ces choses dont le charme vous reste dans l'esprit comme une mélodie – c'est la *madrasa*, l'« école » ; mais si vraiment école il y a, c'est une école pour la rêverie, pour la contemplation, pour la retraite spirituelle, une école pour apprendre à être seul. Un cloître, non pas au sens architectural, mais au sens psychologique du mot ; un lieu de refuge et d'harmonie, ouvert à tous, mais où chacun peut, avec le privilège d'être seul, aller s'asseoir, marcher, ou contempler l'eau du bassin, arriver et partir sans qu'on le remarque, sans qu'on lui pose de questions, avec une indépendance que peu de communautés admettent ou veulent bien accorder. Là, on a le droit d'être solitaire ; alors que dans des communautés plus civilisées personne n'a le droit de l'être ; on ne comprend pas que la solitude est un raffinement. Était-ce simplement la beauté visuelle du lieu ? ou bien l'atmosphère, l'air lui-même, tout empreint de spiritualité, qui produisaient cette profonde impression ? Le lieu était, certes, d'une grande beauté visuelle et, consciente de n'avoir que trop tendance à me laisser égarer par des charmes extérieurs, je passai mes impressions au crible avec sévérité ; pourtant, après avoir fait la part des choses, il me restait des certitudes que je n'avais connues que dans des monastères et dans des cloîtres, dans des lieux où les hommes avaient choisi de mener une vie de reclus (par lâcheté peut-être) ; le sentiment que chaque homme avait, effectivement, une existence intime, des moments où il lui était nécessaire d'être à l'écart de ses semblables pour quelque temps. La *madrasa* d'Ispahan différait d'un monastère en ceci qu'elle servait de refuge à des hommes habituellement engagés dans les affaires de ce monde ; marchands et négociants, hommes d'étude et pèlerins venaient indifféremment y passer une heure ou une journée ; il n'y avait aucune contrainte ; on pouvait, selon son désir, s'isoler et marcher à l'écart, ou former de petits groupes et parler de la politique du moment ; on était libre de prier si on le souhaitait ; et tous ces besoins divers étaient considérés avec le même respect. Pour ce qui est de la beauté extérieure du lieu : une longue suite de bâtiments recouverts de faïence bleue entourait un espace rectangulaire ; ces bâtiments se réfléchissaient dans un long bassin dont les marches descendaient dans l'eau ; des lilas et des iris, en nappes de pourpre, semblaient un rappel, en plus foncé, des couleurs de la faïence ; la lumière dorée du couchant venait frapper le tronc blanc des platanes jusqu'à leur donner le rosé de la chair vivante ; et parmi les lilas, les iris et les platanes, on voyait des silhouettes en longue robe déambuler ou s'asseoir au bord du bassin et agiter l'eau négligemment avec la pointe d'un bâton, de sorte que les reflets troublés devenaient un nuage améthyste et bleu, et puis, le calme revenu, se reformait l'image immobile et lisse des murs bleus, des frondaisons éployées et du ciel vespéral.

CHAPITRE 6

QOM

1

Dans la soirée, nous nous retrouvâmes à Qom, la cité sainte, et cette fois nous entrâmes dans la ville, et nous fûmes presque immédiatement engloutis par les voûtes obscures du bazar. Nous étions fatigués, car nous venions de parcourir quelque trois cents kilomètres, et nous devions encore trouver à nous loger ; nous nous rendîmes en voiture à une maison dont on nous avait parlé, et nous frappâmes à la porte, mais, bien qu'un chien aboyât à l'intérieur, personne ne vint ouvrir. Il se forma autour de nous l'attroupement habituel : des petits garçons gribouillèrent du doigt dans la poussière blanche qui recouvrait la voiture, des mendiants tendirent la main en gémissant, les femmes voilées de noir nous regardèrent avec de grands yeux en parlant à voix basse, et c'est alors que notre domestique nous demanda si nous voulions bien honorer de notre présence sa maison natale. Mais comment la trouver ? Car il ne se rappelait pas le chemin. Des volontaires se précipitèrent, se perchant Dieu sait où sur les bagages, s'accroupissant sur le garde-boue, s'accrochant comme des singes, se cramponnant d'une main et faisant de grands gestes de l'autre ; nous repartîmes donc, nous enfonçant dans les profondeurs du bazar, fendant la foule très lentement à cette heure mouvementée de la soirée où la population tout entière sort faire ses achats et bavarder, où l'on amène les ânes de la campagne avec leur chargement de fourrage, où tout le monde crie – et criait d'autant plus fort qu'il était inhabituel de voir une automobile en cet endroit. Il faisait sombre, seules quelques petites lampes brûlaient dans les boutiques, formant de minuscules châsses de lumière çà et là le long de la rue ; j'allumai mes phares, et le faisceau lumineux courut le long du bazar, sans que cet éclairage violent et concentré empêchât les ânes de se bousculer dans l'ombre avec leur gros chargement, seul un choc mou nous indiquant que nous venions de heurter un bât en nous frayant notre chemin. Bien guidés par nos volontaires, nous prîmes ruelles et virages tandis que notre domestique ravi se balançait sur le marchepied dans une position acrobatique et chassait les enfants à grands coups de parapluie. Je ne fus pas fâchée de sortir du bazar, sans avoir écrasé personne, de me retrouver à découvert dans la rue, de revoir le ciel au-dessus de ma tête, et d'être débarrassée de cette foule agitée et criarde qui nous acclamait. La rue était si étroite que la voiture avait tout juste la place de passer entre les murs de terre et faisait des embardées d'une ornière à l'autre, si bien que le volant m'échappait presque des mains. Une vingtaine de gamins nous suivirent en s'accrochant à la voiture et en criant. Puis nous arrivâmes à une croisement de rues et nous nous arrêtâmes devant la maison qui faisait l'angle ; la nouvelle de notre venue était allée plus vite que nous ; la porte était déjà ouverte, notre hôte était là pour nous accueillir – un homme grand, à la barbe noire, d'une dignité incomparable –, et des mains empressées détachaient les cordes qui tenaient nos bagages.

Après le bruit, le silence ; après le mouvement, le repos. Une petite maison autour d'une cour ; un bassin rectangulaire réfléchissant un ciel pâle ; un buisson de laurier-rose ; une pièce jonchée de tapis mais dépourvue de meubles. Ces choses-là valent-elles de figurer dans une chronique ? Sans doute pas. Mais c'est de ces arrivées, de ces heures éphémères, de ces regards jetés par une porte qui s'ouvre et ensuite se referme à tout jamais que sont faits les voyages en Perse. Je me souviens du poulet aux noisettes qu'on cuisina pour nous dans du jus de grenade, et de l'énorme plat de riz doré. Je me souviens de la sensation que j'éprouvai en allongeant mes membres las sur une pile de tapis. Je me souviens d'avoir demandé à notre hôte de jouer du *tar* (car beaucoup de Persans chantent les poètes en grattant quelques accords sur l'instrument de leur pays natal), au lieu de quoi il sortit un phonographe dissonant et une demi-douzaine de disques rayés que nous dûmes écouter poliment. Je me souviens de la nuit tombant sur la petite cour, et du sommeil pesant sur nos paupières.

2

Et puis, le lendemain matin, la maison baignait dans une douce lumière ; une femme s'agenouilla au bord du bassin pour laver ses haillons ; des pigeons roucoulèrent sur le toit, un bébé sortit en trébuchant ; un chien s'affala dans l'ombre et s'endormit. Du dehors, le cri d'un colporteur qui passait parvint jusqu'à nous, mais la maison était coupée de la rue, le mur brun n'étant pas même percé d'une fenêtre ; elle donnait entièrement sur l'intérieur, sur la petite cour privée et indépendante où ce Seyed régnait en maître parmi ses femmes. Il en avait toujours été ainsi dans cette petite maisonnée, et il en serait encore ainsi pendant tout le long été chaud où le laurier-rose perdrait ses fleurs et où les raisins de la treille mûriraient sur leurs étais grossiers. Il en était ainsi dans les centaines de petites maisons qui s'éveillaient dans la Perse tout entière ; et à Dalidjan, je le savais, sous les murs de la ville, les femmes faisaient leurs allées et venues le long de leur grande traîne de laine en tournant leurs fuseaux.

Notre hôte sortit pour nous saluer, très grand, très brun et très grave, portant son long manteau gris comme si c'était une grande robe, la barbe bien peignée, les ongles magnifiquement teintés au henné. Il fuma assis sous la treille pendant que nous prîmes notre petit déjeuner. Notre repas était servi sur un rebord du mur devant la pièce qui nous avait servi de chambre : coussins de velours vert émeraude, et bouquet de roses jaunes simples et éclatantes. Jatte de caillé. Confiture dans des pots de verre verts. Pain noir du pays, craquant comme un biscuit. De l'eau dans une aiguière en forme de fleur. Des enfants vinrent nous regarder furtivement – guère surprenant, car nous étions les premiers étrangers à franchir le seuil de cette maison –, et les femmes vinrent voir elles aussi, en gloussant derrière leur voile, qu'elles tenaient bien serré ; mais Seyed, qui veillait sous la treille, les chassa d'un geste souverain. Puis, se levant, il vint vers nous et nous invita à le suivre.

Ces impressions de Qom ne sont autres dans mon esprit que des miniatures ; des miniatures persanes, vives, petites et nettes ; intimes et émaillées. À mes yeux, ce décor d'arcades, ces nombreux personnages, ce sol étoilé de petites fleurs ont la qualité et la beauté de ces peintures anciennes. Chacune d'elles semble achevée, comme si elle était déjà dans son cadre, fidèle à elle-même à l'intérieur de ses propres limites, fidèle aussi à la tradition d'ensemble, sans date, mais d'une beauté classique. Seyed nous mena à travers les rues ; il marchait avec un air d'autorité ; nous n'avions pas la moindre idée de l'endroit où il nous conduisait, et nous aurions été incapables de retrouver notre chemin. Nous étions dans le labyrinthe, entre les murs de terre ; et déjà je pensais à la maison et à sa cour comme à une illustration vue dans un livre, une enluminure dans un missel dont j'avais à présent refermé les pages, quand Seyed s'arrêta devant une porte et nous fit signe d'entrer.

Il avait rouvert le livre à une autre page enluminée. Là, au centre de la cour se dressait le rosier sur lequel avaient été cueillies nos roses jaunes ; un buisson plus haut qu'un homme, qui disparaissait sous la large rose jaune unique, plus semblable à un papillon qu'à une fleur, posée sur la verdure. C'était le buisson magique des *Mille et Une Nuits* ; je cherchai la Fontaine qui chante et l'Oiseau qui parle ; un poisson rouge fila dans le bassin. Seyed souriait. Je compris qu'il brûlait d'une extraordinaire fierté ; qu'il nous dévoilait une partie romantique et secrète de sa vie, une chose à part, sans lien avec la simplicité dc sa demeure. Mais il ne nous donna aucune explication, et nous restâmes là sans savoir quoi dire. Le cours du temps était suspendu ; nous savions qu'il allait se passer quelque chose, mais nous ne savions pas quoi ; une abeille traversa d'un vol aveugle la cour ensoleillée ; une rose se défit, et ses pétales jaunes tombèrent en tourbillonnant. C'est alors que, sous les arcades de la maison, à hauteur de notre regard, apparut une jeune femme en longue robe bleue parsemée d'étoiles ; elle tenait un enfant dans ses bras. Elle ne se montra qu'un instant dans l'encadrement de l'arcade, et jeta un regard interrogateur, un regard d'attente ; puis quand elle nous aperçut, elle poussa un cri et disparut, et la cour fut rendue à son vide, à sa tiédeur et à son silence, avec la rose jaune pour seule sentinelle. Nous regardâmes Seyed. Il souriait toujours, comme un montreur de foire qui a soulevé le rideau un instant et l'a laissé retomber. D'un air très grave, il nous fit ressortir dans la rue, la porte se referma derrière lui, il n'y eut aucun commentaire sur ce que nous avions vu, et nous nous acheminâmes vers le bazar en parlant des marchands russes sur la Caspienne.

3

Mais nous n'en avions pas fini avec Seyed car, comme s'il tenait à se montrer à nous sous un troisième aspect, il nous emmena voir la boutique qu'il tenait dans le bazar. Jusque-là, nous ignorions quelle était sa profession : nous découvrîmes alors qu'il était marchand de tabac. Cette façon de ne rien cacher de sa vie, de nous dévoiler tour à tour avec tant de gravité ces trois volets de son existence et de mener l'affaire avec une telle autorité aurait pu laisser supposer qu'il s'agissait de toute une mise en scène de sa part. Mais bien sûr, ce n'était pas le cas. Nous restâmes dans la boutique à fumer et à boire du thé, en regardant passer le flot de la circulation dans le bazar et en écoutant notre marchand nous exposer ses idées sur les relations qui existaient entre la Russie et la Perse. Il était toujours parfaitement calme et digne, et, malgré les allusions qu'il faisait, ce petit intermède dans la cour de sa maison secrète aurait pu n'avoir jamais eu lieu. Il était assis derrière son comptoir, laissant courir négligemment ses longs doigts aux ongles orangés au-dessus de sa balance et de ses poids de cuivre, la mise coquette mais l'allure noble, en homme maître de son existence. Sur toute la hauteur des murs, il y avait des piles de paquets de cigarettes de couleur vive ; de temps à autre, un passant s'arrêtait, et Seyed se levait pour attraper un paquet ou pour peser une once de tabac dans un cornet de papier avec des gestes mesurés ; quant aux pièces qu'il recevait en échange, il les laissait tomber dans la caisse comme si elles n'avaient pas plus de valeur à ses yeux que des gouttes d'eau. C'était curieux d'avoir cette vision inversée du bazar, de voir les choses de l'intérieur de la boutique, du dedans, au lieu de regarder du dehors ce qui se passait à l'intérieur. Arriva le fils de Seyed, un jeune homme grand et brun, qui ressemblait beaucoup à son père ; il avait sa propre boutique, un peu plus loin dans la rue. Seyed le regarda avec fierté. Il savait lire ; il lut à son père une lettre que celui-ci n'avait pas pu déchiffrer. Je me demandais quel genre de rapport le fils entretenait avec la femme de la seconde maison. Savait-il seulement qu'elle existait ? ou ne le savait-il que trop ? Et je m'interrogeai sur tout ce réseau embrouillé de relations. Y avait-il une communication quelconque, par exemple, entre ces femmes discrètes et misérables qui avaient été chargées de nous tirer de l'eau et de nous préparer à dîner et la femme à la robe bleue qui avait fait une si brève apparition derrière la rose jaune, la femme gâtée, adulée ? Étaient-ce des rivales ? L'une était-elle la maîtresse et les autres des servantes ? Les empêchait-on de se connaître ? C'étaient là des choses que je n'aurais jamais le moyen de savoir, malgré tout l'intérêt que je leur portais ; des secrets que je ne pouvais arracher – moi qui m'en allais vers une vie plus variée – à cette ville sacrée et à ce marchand persan.

CHAPITRE 7

LE COURONNEMENT DE REZA KHAN

1

Au retour, quand nous franchîmes la porte, la sentinelle nous arrêta et nous demanda machinalement : *« Az koja miayand ? »* « D'où venez-vous ? », et, en nous entendant répondre : *« Az Ispahan »*, elle nous laissa entrer dans la ville. Nous trouvâmes une atmosphère fiévreuse dans les rues ; sur la place publique, on avait dressé de grands mâts tout tordus, recouverts de pavois rouges ; les drapeaux étaient sortis ; des festons d'ampoules électriques pendaient le long de la façade de la Municipalité. De pittoresques cavaliers à l'air farouche défilaient dans les rues par petits groupes. Des arcs de triomphe étaient en cours de construction. Des silhouettes en fil de fer représentant Hercule étranglant le lion, Castor et Pollux, des avions et des automobiles, nous promettaient ce que les Persans préfèrent dans les parades : des feux d'artifice. Pas de doute : ils s'étaient enfin rendu compte que le couronnement approchait et ils se démenaient soudain dans l'affolement des derniers préparatifs.

Avec une imprévoyance typique, ils avaient attendu le

dernier moment, et ils semblaient maintenant fort ennuyés de voir qu'à cause du mois du Ramadan les ouvriers n'avaient guère de courage ni d'énergie. À entendre les ministres de la cour se plaindre, on aurait cru que le Ramadan les avait pris par surprise. Comme des gens qui se préparent pour un spectacle d'amateurs, ils étaient cependant soutenus par la conviction que tout se passerait bien le jour dit, et en attendant, ils se réjouissaient comme des enfants de l'ingéniosité de leurs trouvailles et de l'occasion qui leur était donnée d'exercer leur faculté d'invention dans des décorations de toutes sortes. Tout était rassemblé sur des tables à tréteaux espacées le long de la rue ; pendules, vases, théières, photos, objets décoratifs en porcelaine – mais surtout des pendules, pour lesquelles presque tous les Orientaux ont une grande prédilection, si bien que toute la journée les rues de la ville retentissaient du tintement de toutes ces pendules qui ne sonnaient pas à l'unisson. Et puis il devait y avoir des illuminations ; et, en dehors des lanternes et des feux d'artifice officiels, chaque ménage sortait ses lampes à huile, ses veilleuses, ses bougeoirs, en plus des pendules et de la porcelaine. Téhéran eut tôt fait de ressembler à une immense vente de charité. Et puis, à ces bêtises s'ajouta une décoration d'un effet incontestable : on accrocha des tapis aux murs des maisons, et ces tapis se touchaient de sorte que les édifices minables disparaissaient sous les arabesques des Kermans et le velours rouge sang des Bokharas. La ville cessa d'être une ville de brique et de plâtre pour devenir la ville de la tapisserie, semblable à une grande tente somptueuse s'ouvrant sur le ciel.

Cependant les hommes des tribus continuaient d'arriver en nombre. Nous n'étions pas habitués à ces personnages farouches et pittoresques ; mais, parés de boucliers et bardés d'armes, montés sur leurs rudes poneys, ils descendaient nonchalamment le Lazélar avec une indifférence hautaine à la curiosité qu'ils suscitaient. Baluchis aux écus en métal repoussé, Turkmènes en grand bonnet de fourrure et en tunique de soie rouge, Bakhtiaris avec leurs hauts chapeaux de feutre blanc, leurs casaques noires à manches blanches, Kurdes avec leurs turbans de soie à franges ; Qachqaïs, Lurs, Berbères, hommes du Seistan – tous ces représentants des tribus plus ou moins subordonnées au royaume composaient la garde du nouveau shah. Entre les tribus et les tapis, Téhéran perdait ses faux airs de ville occidentale et revêtait enfin un caractère qui évoquait plutôt les écrits de Marco Polo.

Au palais, on avait entrepris une série de travaux : on devait repeindre la salle du trône, paver le jardin, boucher les brèches des murs qui laissaient voir des tas d'ordures, réaménager le musée en faisant un tri parmi les objets. C'étaient là des idées nouvelles qui venaient d'Europe. Les Persans eux-mêmes ne se souciaient nullement de savoir si la peinture de la salle du trône présentait des taches d'humidité, ou si la vaisselle des banquets était dépareillée, et ils l'admettaient franchement. « L'usage des chaises est pour nous une chose encore toute récente, voyez-vous », nous dit l'un d'entre eux. Leur souci d'impressionner les Européens était touchant ; il n'était pas de sujet, si modeste fût-il, sur lequel ils n'eussent besoin de l'avis de leurs amis anglais. Ils venaient nous voir avec des échantillons de brocart et de velours ; ils nous demandaient de venir donner notre approbation pour la couleur de la salle du trône. « Nous ne savons pas, voyez-vous », disaient-ils. Ils commandaient de la verrerie et de la vaisselle en grande quantité à des compagnies anglaises ; tout cela n'arrivait pas à temps pour le couronnement, ils s'y étaient pris trop tard, mais tant pis. Pour les domestiques du palais, il leur fallait du drap rouge, semblable à celui des livrées des domestiques de la légation britannique. Il leur fallait le détail écrit de la cérémonie du couronnement de Sa Majesté George V à l'abbaye de Westminster. On le leur fournit, mais la rigidité du cérémonial et le poids des insignes royaux causa quelque consternation ; un des ministres, qui se targuait de bien connaître l'anglais vint me demander en privé ce qu'était un Rougedragon Poursuivant, s'imaginant manifestement qu'il s'agissait d'un animal. Amusé par le spectacle extérieur du couronnement, on avait tendance à perdre de vue les choses plus sérieuses qu'impliquait le nouveau régime.

Pour nous à Téhéran, Reza Khan Pahlavi, souverain désigné, était un personnage mystérieux ; il ne se montrait jamais sauf pour le *salam* public ; il n'honorait jamais de sa présence aucune mission étrangère ; de temps en temps seulement, à la grande épouvante des autorités municipales, il parcourait à l'improviste dans sa Rolls Royce certains quartiers de la ville, après quoi il faisait appeler les responsables concernés pour les agonir d'injures à propos du mauvais état des rues. « Vous dépensez tout l'argent à embellir le jardin public », disait-il en agitant le poing en direction du jardin en question qui, au centre de la place poussiéreuse, offrait tout juste quelques giroflées jaunes et un carré de myosotis protégés par quelques rangées de barbelés. Il savait fort bien, naturellement, que ce n'était pas à cela que l'argent était employé, et les responsables savaient qu'il le savait ; mais ce n'est pas en un jour qu'on changera le système des finances en Perse. Le dictateur se retirait dans sa demeure privée, les responsables poussaient un soupir de soulagement, et tout continuait comme auparavant. Par son allure, Reza avait de quoi faire peur – stature d'un mètre quatre-vingt-dix, mine renfrognée, nez énorme, cheveux grisonnants et mâchoire bestiale – ; en fait, il avait l'air de ce qu'il était, un cavalier cosaque ; mais on ne pouvait nier qu'il eût une prestance royale. Rétrospectivement, il semblait qu'il était sorti de l'ombre pour s'élever à sa situation présente en un temps étonnamment court ; l'armée était son œuvre, et elle le soutenait massivement ; il pouvait dire avec Tamerlan :

> Je suis fortement ému de penser
> Que si je désirais la couronne de Perse,
> Je l'obtiendrais avec une facilité prodigieuse :
> Et si cette dignité était notre but,
> Nos soldats n'auraient-ils pas tôt fait d'y consentir ?

De plus, il n'avait pas de rival dans cette nation molle et sans nerf dont il s'était rendu maître. Mais, pour qui est à la tête de ce pays, la moitié du problème réside précisément dans le tempérament de son peuple ; facile à dominer (car la volonté n'y rencontre pas de résistance) il est, une fois dominé, impossible à utiliser ; on ne peut rien construire avec lui ; comme tout peuple faible et veule, les Persans brisent toute volonté et deviennent vite plus décourageants qu'une race moins docile et plus énergique ; on n'a peut-être pas à lutter contre eux, mais eux ne viendront pas non plus lutter aux côtés de leur chef. Un tel caractère mène tout naturellement aux innombrables abus et à la corruption dont souffre la Perse – l'absence de justice, la vente des charges, la corruption, la subornation, les détournements de fonds et la malhonnêteté générale qui indignent l'observateur, non seulement d'un point de vue moral, mais aussi à cause de la stupidité exaspérante et des arcanes du système. Cette pourriture de l'intérieur, tout comme les pressions politiques exercées par l'Angleterre et la Russie, doit compliquer la position d'un souverain énergique ; c'est la première urgence, la chose à épurer avant de s'attaquer à tout autre problème, tel que celui des transports, de la sous-population, de l'irrigation, de la condition du paysan, ou de la culture des terres.

On a dit que Reza ne désirait pas la couronne de Perse, et qu'il eût préféré une république à un royaume, mais les religieux auraient fait pression pour qu'il acceptât le trône. N'ayant pas le goût des manifestations fastueuses, il continuait à vivre dans sa propre demeure, ne se rendant au palais que pour donner audience, ou pour quelque occasion analogue. Le palais en question offrait les contrastes les plus grotesques. La première cour, que dominait à une extrémité le célèbre trône de marbre, était fermée par une rangée de bâtiments qui ressemblaient à des remises de jardinier. Des trous dans le mur laissaient voir des tas d'ordures où les poulets venaient gratter ; les guenilles des soldats séchaient sur des fils tendus entre les arbres. Une deuxième cour donnait accès au jardin et à la façade du palais ; celle-ci était recouverte de faïence, mais naturellement la moitié des carreaux étaient tombés, une vieille balustrade en fer gisait négligemment au milieu de la terrasse, les bassins étaient pleins de feuilles mortes, les allées pleines de boue, la moitié des fenêtres avaient volé en éclats. Un escalier minable menait aux salles du haut, et chaque marche était encombrée de candélabres et de statues dans le goût allemand du milieu du siècle dernier. En haut de cet escalier, il y avait une salle immense, que l'on appelait le musée, dont les murs étaient bordés de vitrines contenant un assortiment extraordinaire d'objets, depuis des poteries sassanides jusqu'aux brosses à dents du shah Nasser Ed-Dir. Cette salle, bien qu'elle ressemblât davantage à une petite cathédrale qu'à une simple salle, avec son vaste sol carrelé, ses colonnes, et son haut plafond voûté, cette salle était celle qu'on devait utiliser pour la cérémonie du couronnement, et qui était pour lors livrée aux ouvriers ; elle était pleine d'échafaudages et d'échelles ; il y avait des pots de peinture un peu partout ; les responsables étaient au désespoir ; jamais, jamais tout cela ne serait débarrassé d'ici le 25 juillet ; alors, pensant peut-être que c'était un spectacle trop désespérant pour qu'on le contemple plus longtemps, ils proposèrent de nous emmener voir le trésor.

2

Nous traversâmes le jardin, nous frayant un chemin par-dessus des briques à moitié posées, tandis que les pigeons roucoulaient et que la douceur de l'air printanier caressait les jeunes frondaisons des platanes, comme depuis des temps immémoriaux, indifférents au changement de dynastie qui se préparait en Perse ; nous traversâmes le jardin et pénétrâmes à nouveau dans le palais par une entrée basse et un passage sombre et étroit, en nous baissant pour ne pas nous cogner la tête ; nous montâmes une volée de marches et arrivâmes enfin dans une petite salle avec des barreaux aux fenêtres. Ne connaissant désormais que trop bien l'état de délabrement dans lequel se trouvait toute chose en ce pays, je n'étais pas très enthousiaste à l'idée de voir le trésor de l'Iran impérial, et l'air affecté des ministres en redingote n'était pas pour m'encourager. Ils étaient là à boire leurs tasses de thé et à faire des petits sourires entendus et satisfaits pendant que les domestiques se pressaient et s'activaient pour recouvrir la table d'un tapis vert et pour apporter, des profondeurs cachées d'une pièce retirée, des coffres de cuir et des sacs de toile négligemment attachés avec de la ficelle. Je regardais tous ces préparatifs d'un œil un peu distrait, l'esprit ailleurs, quand soudain, avec un mouvement de surprise presque physique, mon regard et mes pensées se remirent en place, comme des vitesses qui s'enclenchent ; j'ouvris des yeux ronds, je restai bouche bée ; la petite salle disparut ; j'étais Sindbad dans la vallée des Gemmes, Aladin dans la caverne. Les sacs de toile dégorgeaient des émeraudes et des perles ; le tapis vert disparut, la table se transforma en une mer de pierres précieuses. Les coffres de cuir s'ouvrirent, découvrant des cimeterres ouvragés, des épées incrustées de rubis, des boucles taillées dans une seule émeraude ; des chapelets de perles fines énormes. Puis les domestiques entrèrent à nouveau en rang, apportant des uniformes cousus de diamants ; une coiffe à haute aigrette fixée par un diamant plus gros que le Koh-i-Nor ; deux couronnes semblables à de grandes tiares hiératiques, des diadèmes barbares faits de perles fines du plus bel orient. Les ministres s'amusèrent de notre stupéfaction et de notre incrédulité. Ce trésor qu'on nous montrait avec une telle désinvolture semblait inépuisable. Désormais je croyais volontiers à l'histoire de Nasser Ed-Dir rendant visite aux Kurdes et aux Lurs ; j'étais prête à croire qu'il ne s'était pas contenté de porter lui-même un tabard aussi étincelant, mais qu'il en avait revêtu tous les membres de sa cour. Nous plongions les mains jusqu'au poignet dans les tas d'émeraudes brutes et faisions couler les perles fines entre nos doigts. Oubliant la Perse d'aujourd'hui, nous étions transportés en arrière au temps d'Akbar et des trésors de l'Inde.

3

Le pessimisme des ministres n'était pas fondé, car le 25 avril au matin nous nous éveillâmes dans une ville pimpante, briquée à neuf, et devenue méconnaissable. Que pouvait bien ressentir Reza Khan, cet homme à l'humeur maussade, au matin de ce jour de consécration ? Personnellement – sa propre personne étant la seule que l'on connaisse jamais vraiment – j'étais très désireuse, pour des raisons sentimentales, que tout se déroulât bien ; je m'intéressais de façon très personnelle à cette salle du trône que j'étais si souvent allée voir à dix heures du matin, moment peu protocolaire, pour critiquer les teintes de ses murs badigeonnés de couleur crème, pour vilipender les plus abominables des vases de Sèvres si chers au cœur du ministre de la Cour ; cette salle que j'allais bientôt voir sous son aspect le plus pompeux, remplie d'une foule de dignitaires, pavoisée d'étendards ; j'étais un peu dans le rôle de l'amie intime qui, jusqu'à l'heure de la cérémonie, a vu la mariée en grosses chaussures et en lainage – mal mise, troublée, faisant ses confidences – et doit maintenant, ô ironie, s'incliner devant les brocarts et les fleurs d'oranger. Les petits tas de poussière et de plâtre seraient enfin balayés, les tapis déployés, le trône des Paons débarrassé de ses bâches de protection. Les domestiques du palais laisseraient leurs blouses bleues pleines de taches pour revêtir les nouvelles livrées rouges que personne n'avait encore pu admirer. La nouvelle couronne, dont j'avais vu certaines parties au cours de sa fabrication, serait là, resplendissante, sur son coussin. C'en était fini d'être dans les coulisses ; le jour de la cérémonie publique était arrivé.

À deux heures et demie, nous étions à nos places, dominant du haut de notre estrade, la foule d'uniformes et de redingotes qui ondoyait dans la salle. On avait laissé un espace libre au centre, jusqu'aux degrés du trône, ce divan majestueux et barbare tout orné d'émaux et de pierres précieuses, avec ses glands d'émeraude brute qui pendaient aux accoudoirs, son dossier incrusté de rubis, semblable à l'oiseau indien faisant la roue, devant la grande alcôve en miroir du fond de la salle. Près des degrés du trône, sur le côté, il y avait une foule de mollahs, qui traînaient les pieds, s'asseyaient sur leurs talons ou jouaient des coudes ; vieillards barbus et crasseux en longue robe et en gros turban ; comme un chœur sinistre du théâtre grec, ils se poussaient en avant, empiétant sur l'espace laissé libre, et périodiquement un aide de camp était obligé d'aller leur demander, avec la plus grande déférence, de reculer un peu. On lançait de biais des regards noirs, noirs de crainte et de haine, à ces mollahs qui, arrogants et revêches, cédaient d'un mètre, ramassaient leur robe autour d'eux, et se rasseyaient sur leurs talons.

Le début de la cérémonie était prévu à trois heures, mais à trois heures et demie, les portes ne semblaient toujours pas prêtes à s'ouvrir. À cause de la présence des mollahs, toute musique était proscrite, de sorte que nous attendîmes en silence, un silence tiède qui n'était troublé que par les murmures et le bruissement de la foule. Derrière la dentelle d'or des uniformes diplomatiques et le bleu clair des officiers persans, des taches de teintes plus vives coloraient les rangs en bordure de l'allée centrale : un prêtre arménien en velours violet, un Turkmène en casaque rouge et, devant eux, à un pas, de place en place, se tenaient de jeunes porte-drapeaux, revêtus d'une cotte de mailles, tels des croisés mêlés aux Asiatiques. Il y avait dans la salle bondée une atmosphère d'attente et d'imminence, que le silence accentuait encore ; à présent, même les murmures provoqués par le retard s'étaient tus. Quelque chose bougea enfin ; les portes s'ouvrirent, et la silhouette d'un petit garçon apparut. Tout seul, en uniforme, il parcourut toute la longueur de la salle en saluant et prit place sur le degré inférieur du trône, Son Altesse Impériale Shahpur Mohammed Reza, prince de la couronne de Perse.

Mais qu'y a-t-il de plus absurde qu'un couronnement ? Cela dénote une vénération pour les rois qu'aucune personne sensée ne saurait avoir, et d'un ordre tellement primaire qu'il vous renvoie aux pièces historiques de Shakespeare, avec tout leur apparat magnifique et trompeur, séduisant comme un jeu d'enfants ; ou à des fragments de poésie dans lesquels l'intensité et la charge émotionnelle du vers sont dus à quelque terme royal et à sa puissance évocatrice. « Ou qu'un grand prince gît en prison » ; et pourquoi un grand prince ne serait-il pas en prison s'il le mérite, au même titre qu'un simple malfaiteur ? Pourquoi une tête couronnée ne se sentirait-elle pas aussi mal qu'une tête qui n'a même pas un chapeau à se mettre ? Pourtant, on a beau se dire et on a beau savoir que tout cela n'est pas bien, il y a quelque chose en nous qui se délecte du cérémonial et qui nous fait tendre le cou pour voir l'intronisation comme si l'on assistait vraiment à un instant de transfiguration sacrée. Escorté de ses généraux et de ses ministres qui portaient les joyaux et les insignes royaux, l'aigrette de sa coiffe étincelant des feux du diamant dit la Montagne de Lumière, vêtu d'un manteau bleu richement orné de perles fines, le shah se dirigea vers le trône des Paons. Les Européennes firent la révérence jusqu'à terre, les hommes s'inclinèrent bien bas sur son passage ; les mollahs s'avancèrent comme une grande vague gloutonne ; le jeune prince, effrayé, agrippa un coin du manteau de son père. Seul le silence parut étrange ; on s'attendait à une sonnerie de trompettes, à des accords fracassants, et rien ne vint ; juste une voix, débitant une allocution d'un ton monotone, puis la voix du shah, lisant son discours. De ses propres mains, il retira la coiffe de sa tête, de ses propres mains, il leva la couronne et en prit possession, tandis qu'à ses côtés deux ministres tenaient les tiares de la dynastie Qadjar destituée. Du dehors parvint alors une volée de coups de canon qui ébranla les fenêtres, proclamant pour la foule massée dans les rues que Reza Khan était Roi des Rois et Centre de l'Univers.

4

Une fois le shah parti, tout le monde sortit ensemble, les ministres rayonnant de plaisir tandis que leurs amis les félicitaient pour l'heureuse conduite de la cérémonie. Nous étions tous très soulagés, en fait, qu'aucun incident fâcheux ne soit venu gâter le bon déroulement des solennités ; que personne ne se soit pris les pieds dans sa robe ou n'ait laissé tomber une couronne ou une épée, ou qu'il ne se soit rien passé de ce que notre expérience de la Perse aurait pu nous laisser prévoir. Je trouvais, quant à moi, qu'on félicitait peut-être les ministres un peu trop chaleureusement, mais ceux-ci montraient leur contentement avec naïveté et ne cessaient de répéter : « *Oui, en effet, tout s'est très bien passé*[1]. »

Nous nous rendîmes à la Municipalité au milieu d'une foule dense qui s'écartait pour laisser passer les voitures. Tous ces gens semblaient amorphes, multitude ignorante qui prenait très peu d'intérêt aux événements de la journée ; ils regardaient bêtement, laissant la police les frapper et les bousculer quand l'automobile anglaise, avec son petit fanion métallique rigide sur le capot, se frayait un chemin parmi eux. En Perse, dans la foule, les deux sexes sont toujours nettement séparés ; un groupe d'hommes par-ci, un groupe de femmes par-là, attroupés séparément, de sorte qu'en passant en voiture, on se trouve d'abord face au silence des hommes, et puis soudain on entend le pépiement charmant des silhouettes voilées de noir, comme s'il y avait là des oiseaux ou des enfants. Les femmes, assises en tailleur, se levaient par rangées sur les trottoirs, aux aguets sous leur voile ; jeunes femmes aux yeux brillants, vieilles femmes, avec leurs airs de belles-mères traditionnelles, tyrannisant une maisonnée entière, petites filles qui tenaient leur voile noir avec des airs d'adulte absurdes. On ne faisait que les apercevoir, mais le peu qu'on en voyait révélait, ce qui est rare quand le visage est découvert, le caractère tout entier de la personne, que l'on ait entrevu des yeux vifs et coquins ou la joue flasque et affaissée d'une vieille mégère acariâtre. De ces femmes on en avait croisé chaque jour sur les trottoirs, par petits groupes de deux ou de trois, et l'on avait eu de ces visions fugitives ! mais c'était la première

1. En français dans le texte. (*N.d.T.*)

fois qu'on les voyait rassemblées en aussi grand nombre, comme si tout Téhéran, jusqu'aux familles les plus humbles, les plus obscures, livrait ses femmes à la rue, où elles jacassaient, tout excitées, en ce jour qui allait fournir un sujet de conversation pour une année entière. Leila avait vu un jeune Kurde d'une grande beauté – ah ! ces reins ! cette manière de monter son cheval ! –, mais Zia avait vu un Anglais d'une plus grande beauté encore – grand, blond, différent des Persans –, que ferait-il si elle lui envoyait un billet ? Car, sous leur voile, les Persanes sont très hardies et très entreprenantes, et leur conversation tourne toujours autour de cet unique sujet. Cependant les bannières flottaient en haut des mâts branlants, et, au milieu de la place, sur leurs fils de fer, les feux d'artifice attendaient la nuit et le moment où ils cesseraient de ressembler à un jeu du berceau pour brûler leur vie éphémère en un flamboiement rouge et jaune de motifs tourbillonnants. Des balcons de la Municipalité, nous dominions la foule et l'itinéraire du cortège ; des têtes fleurissaient à toutes les fenêtres ; sur le long bâtiment gris au bout de la place, on lisait « IMPERIAL BANK OF PERSIA » en caractères latins ; sous les arcs de triomphe, les pendules faisaient entendre leur tic-tac sur les tables à tréteaux. Au loin étaient alignés les détachements des gardes du corps des tribus, attendant, assis sur leur cheval, le moment de suivre en bon ordre le carrosse du shah. Sur les balcons de la Municipalité, la conversation suivait un cours d'une prudente platitude : la nouvelle couronne était fort belle, n'est-ce pas ? Et puis, c'était un joaillier russe de Téhéran qui l'avait faite ! Le prince de la Couronne n'était-il pas un amour de petit garçon, avec son épée miniature et ses bottes bien cirées ? Non, en fait, disait quelqu'un d'autre, c'était une horreur de petit garçon, une nature violente, qui bat ses domestiques à coups de poing. Des verres de citronnade circulaient, avec des pailles ; des mains gantées écartaient soigneusement les aspidistras sur la balustrade pour permettre aux Kodaks de passer leur museau noir. Somme toute, le couronnement de Reza Shah était un excellent prétexte à de nouvelles rencontres, à la fois pour Leila, qui admirait les reins du jeune Kurde, et pour Mme X., qui chuchotait en aparté avec l'attaché militaire récemment arrivé en Perse.

Comme Cendrillon, le shah arriva en carrosse de verre, tiré par six chevaux qui allaient au pas, tandis que des laquais en chapeau de couleurs vives marchaient au côté des chevaux, tels des personnages du ballet du prince Igor. Ses ministres le suivaient à cheval, l'air mal à l'aise sur leur monture, dans leur grande robe d'apparat en cachemire, ainsi qu'un prince de la dynastie Qadjar à la mine renfrognée, contraint contre son gré de montrer publiquement qu'il soutenait l'usurpateur. Puis venait le prince de la Couronne, seul, tout petit, dans un autre carrosse. Puis les gardes du corps, suivant l'ordre de chaque tribu, montant leurs chevaux comme des centaures en grand apparat ; les barbares d'Asie au teint basané. « N'est-ce pas beau d'être roi, Téchelles, n'est-ce pas magnifique d'être roi et de traverser Persépolis en triomphe ? » Le shah n'était pas très acclamé sur son passage, car les acclamations ne sont pas de mode en Perse, mais un murmure courait dans son sillage, et quand le carrosse tourna et se déroba à la vue, nous entendîmes ce murmure se prolonger le long du Lalézar. Quand il atteindrait la porte de la ville – mais pas avant –, il y aurait une inévitable retombée : il descendrait de son carrosse, il ôterait sa couronne parmi les tas d'ordures et les chèvres, et il monterait dans une simple automobile pour se faire conduire à sa maison de campagne. Mais cela, nous n'aurions pas le privilège d'y assister. Nous regardâmes la foule se disperser pour suivre l'itinéraire du cortège, avant de descendre nous-mêmes dans la rue pour regagner en voiture nos demeures respectives.

5

À Ispahan, nous avions vécu des choses d'un ordre très différent ; la *madrasa*, la nuit à Qom, nous avaient impressionnés grâce à une qualité toute autre et tellement plus subtile que ce grossier divertissement ; c'était – s'il est permis de faire une comparaison aussi lointaine – comme de lire Flecker après avoir lu Donne, le poète de l'image après le poète métaphysique, le premier aussi superficiel et aussi séduisant que le second est enrichissant et évocateur. Pourtant, la semaine de la fête du couronnement avait ses bons côtés ; c'était gai, joli à voir, absurde ; les drapeaux flottaient le jour ; l'or ruisselait la nuit ; les hymnes nationaux retentissaient ; les pierres précieuses du trésor étincelaient dans les vitrines de la salle du couronnement, faisant l'admiration du personnel et des diplomates qui s'y pressaient chaque soir ; les jardins du palais étaient illuminés de lanternes de couleur qui se reflétaient dans les bassins en longues lignes lumineuses sur la surface ridée de l'eau. Le shah fit son apparition avec majesté, et il assista debout aux feux d'artifice, solitaire, en grand manteau militaire, sous les platanes ; les fusées s'élancèrent dans le ciel en sifflant, s'immobilisant un instant, puis éclatant en un bouquet d'étoiles de couleur ; des serpents dorés se tordirent dans les airs ; on vit sourdre et retomber une pluie d'or ; on vit tourner l'hélice d'un avion de feu, les roues d'une automobile ; on vit lutter Castor et Pollux, Hercule vaincre le lion ; les lettres d'or surgirent dans la nuit, une par une : V-I-V-E-S-A-M-A-J-E-S-T-É-I-M-P-É-R-I-A-L-E-P-A-H-L-A-V-I. Le shah, qui se tenait à quelques pas de la foule, eut alors un léger haussement d'épaules et, tournant les talons, il rentra seul dans le palais. Depuis une semaine, hormis cet unique mouvement d'impatience, il s'était comporté en public comme une effigie, impassible et impénétrable. Il s'était même abstenu de paraître à un grand nombre de cérémonies, envoyant son fils à sa place, et celui-ci, siégeant sous une immense tente écarlate, gardé par deux soldats baïonnette au canon, passait son temps à manger solennellement les douceurs empilées sur une table devant lui.

En me promenant dans le jardin du palais, où nous étions maintenant obligés de passer de nombreuses heures, je repensais à cet autre shah, Nasser Ed-Dir, qui au siècle dernier étonnait l'Europe en arrivant dans les capitales avec ses accoutrements orientaux et sa moustache noire en travers du visage comme un cimeterre. C'était l'époque où la bastonnade était encore un spectacle public dans les rues de Téhéran ; où les disciples du Bab étaient persécutés, et où le débat sur la construction d'un chemin de fer commençait tout juste son interminable carrière ; l'époque où arriva à Téhéran un couple extraordinaire à qui le shah accorda une audience. Désormais, pour moi, les allées du palais étaient hantées par la présence de Nasser Ed-Dir et par la silhouette de jeune homme de Jeanne Dieulafoy. Son mari voulait aller étudier les antiquités persanes ? Eh bien, Jeanne l'accompagnerait, et ses amies auraient beau dire, rien ne l'en dissuaderait. Les raisons qu'elles mettaient en avant pour l'engager à rester chez elle étaient nombreuses mais peu variées : *« Un jour, je rangerais dans des armoires des lessives embaumées, j'inventerais des marmelades et des coulis nouveaux ; le lendemain je dirigerais en souveraine la bataille contre les mouches, la chasse aux mites, le raccommodage des chaussettes... »*, mais, ajoute-t-elle, *« je sus résister à toutes ces tentations*[1]. » Assurément, Jeanne Dieulafoy était d'une autre trempe, et finalement c'est moins elle qui accompagna son mari que lui qui la suivit. Elle était sans illusions quant aux dangers qu'ils risquaient de rencontrer en route, *« le moins qu'il pût nous arriver »*, dit-elle gaiement, *« est d'être hachés en menus morceaux »*, et, bardés de scapulaires, des médailles saintes tintant à leur cou, les prières de leurs amis résonnant encore dans leurs oreilles, ils s'embarquèrent pour Constantinople.

Il soufflait un vent aigre de février quand l'*Ava* quitta le port de Marseille. Mais malgré le froid, on n'avait pas allumé de poêle pour réchauffer les passagers grelottants, au nombre de cinq. Le capitaine ne répondit à leurs protestations qu'en menaçant de mettre le ventilateur en route, sur quoi ils relevèrent le col de leur houppelande

1. En français dans le texte. (*N.d.T.*)

et ne dirent plus mot. Quand vint le soir, toutes les lumières furent éteintes à huit heures, et on confisqua aux passagers toutes leurs allumettes. C'est alors que transpirèrent les raisons de ces brimades ; le bateau tout entier, y compris les cabines particulières des passagers, était chargé de munitions envoyées par la France à la Grèce pour libérer la Macédoine du joug turc.

Pourtant, Jeanne oublia ses ennuis sous le ciel bleu de Grèce. Elle souffrit moralement d'aller du Pirée à Athènes *« à la remorque d'une locomotive »*. En romantique impénitente, elle voulait faire le trajet à cheval. Elle ne supportait pas que la fumée d'une locomotive souillât les oliviers aux abords de la cité de Périclès. Mais une fois montée sur l'Acropole, elle ne pensa plus au sacrilège qu'elle avait commis bon gré mal gré ; elle gravit les Propylées, maudit lord Elgin, ressuscita Xerxès sur son trône d'or, se projeta dans l'âme des Hellènes. À son arrivée à Constantinople, elle déborda d'enthousiasme. Il n'y avait là ni trains (ou du moins ils n'étaient pas visibles), ni fumée, ni charbon, seulement de fins caïques filant comme des flèches à la surface des eaux miroitantes. Les Dieulafoy passèrent deux semaines à Constantinople. Ils virent le sultan, hurlèrent avec les derviches hurleurs, tournèrent avec les derviches tourneurs, mangèrent du kebab et des petits pâtés au fromage, explorèrent le bazar, et apprirent que la route la meilleure pour aller en Perse était celle qui passait par Tiflis.

Mars, il faut bien le dire, n'est pas le mois idéal pour voyager sur les routes de ce pays difficile. Comme je l'ai déjà dit et comme je le répète dans ce livre – car, nous qui vivions là-bas, nous le disions une dizaine de fois par semaine : si le temps est doux, les neiges fondent ; s'il fait froid, rien ne fond, de sorte que le voyageur doit choisir entre les inondations et les congères. Après d'innombrables aventures, les Dieulafoy atteignirent enfin Qazvin, où cent cinquante kilomètres seulement les séparaient de la capitale. Il y avait trois mois déjà qu'ils étaient en route, leur voiture s'était retournée plusieurs fois, ils avaient été contraints de passer des nuits de tempête en plein air, ils avaient essuyé des attaques de brigands kurdes. Jeanne n'avait pas peur des brigands, elle avait plutôt tendance à croire que c'était eux qui avaient peur d'elle. *« Je me considère avec orgueil. Se peut-il qu'un gamin de ma taille épouvante les Kurdes, ces farouches nomades ? »* Toutes ces aventures surmontées avec succès, ils arrivèrent à Qazvin le 9 mai, mais là ils furent frappés par un vrai malheur : monsieur Dieulafoy tomba malade. Jeanne était invincible. Elle se procura un chariot, mais où étaient les chevaux ? Elle parcourut toute la ville à leur recherche, et, à trois heures du matin, elle les trouva. On allongea le malade sur un matelas à l'intérieur du chariot ; ils sortirent de la ville, mais au bout de quelques kilomètres, les roues s'enlisèrent dans la boue ; ils étaient bloqués. Jeanne en personne se saisit des rênes et fouetta les chevaux. Des paysans vinrent à leur secours avec des bœufs. Ils progressèrent tant bien que mal sur cette abominable route, et à la tombée de la nuit ils n'étaient plus qu'à une trentaine de kilomètres de la capitale. Là, le péager refusa de les laisser continuer. Mais Jeanne, voyant la pyramide neigeuse du Demavend comme un fanal blanc devant elle, passa outre à toutes ses objections. À dix heures du soir, cette nuit-là, tandis que

Marcel délirait dans le chariot, ils entrèrent dans Téhéran.

Là, trois semaines durant, Jeanne resta au chevet du malade, ne sortant pas une seule fois du jardin de l'hôtel, ce qui, pour un être d'une nature énergique et curieuse comme la sienne, est pour le moins la preuve d'un très grand dévouement. Au début de juin, faible, chancelant, mais convalescent, Marcel fut conduit auprès du shah pour une audience. Confiés aux bons soins du médecin français, les Dieulafoy attendirent sa Majesté dans le jardin du palais, ayant pris soin d'enfoncer solidement leur chapeau sur leur tête, de crainte de le retirer par inadvertance quand ils seraient en présence de la personne impériale (est-ce ainsi que Jeanne avait l'habitude de saluer ?), *« ce qui serait de la dernière grossièreté »*. Bientôt, on vit approcher Nasser Ed-Dir entre les arbres, suivi de ses domestiques ; un interprète marchait à ses côtés en lisant à haute voix un journal français ; le shah portait un fez noir, une robe de cachemire, un pantalon de coutil blanc, des escarpins, des chaussettes blanches, et ses petites mains étaient gantées de coton blanc. Jeanne fut impressionnée par son allure distinguée, son nez busqué, ses dents blanches, sa chevelure noire et ses moustaches. Les visiteurs saluèrent bien bas, et le docteur demanda s'il pouvait se permettre de présenter M. et Mme Dieulafoy.

« Comment, s'écria le shah, ce garçon est donc une femme ? » Quand on l'eut assuré que c'était bien le cas, il s'adressa à Jeanne en français. Pourquoi, lui demanda-t-il, ne portait-elle pas des jupes et des vêtements longs comme les dames européennes ? Jeanne répondit qu'elle trouvait la tenue masculine plus pratique, et qu'une pensais, qu'à son séjour à Téhéran dans les années 1880, et je regrettais qu'elle n'ait pas su manier le pinceau afin de pouvoir peindre Nasser Ed-Dir à cheval, car dans son journal elle aurait sûrement rapporté leurs conversations au cours de ces séances où ils auraient fait plus ample connaissance, elle debout derrière son chevalet, péremptoire, et lui serrant la bride de sa monture, deux êtres habitués à dire ce qu'ils pensaient, rendant à n'en pas douter l'un et l'autre coup pour coup, sous les platanes du jardin, au soleil et à l'ombre d'un printemps persan. Je m'aperçus qu'à construire ces scènes qui n'avaient jamais eu lieu, le temps passait très agréablement pour moi ; c'était une occupation beaucoup plus plaisante que d'écouter les platitudes des gens de connaissance avec qui je parcourais les allées, parmi le balancement indécis des lanternes de couleur. Et soudain, les paroles de mon compagnon du moment vinrent faire chorus avec mon jeu secret : « Oui », me dit la voix en évoquant ses souvenirs, « Je me souviens qu'un jour, à Paris, quand j'étais enfant, on m'avait permis d'assister à une soirée. Mon père, qui me tenait par la main, me dit de regarder la personne qui venait d'entrer dans la salle. Je regardai et je vis un vieux petit monsieur grisonnant, en veston d'intérieur, avec l'insigne de la Légion d'honneur à la boutonnière. "Ça", me dit mon père, "c'est madame Dieulafoy". »

CHAPITRE 8

LA RUSSIE

1

Le paysage, lui aussi, s'était paré pour le couronnement ; sur le bord des routes, où les arbres de Judée s'étaient défait de leur pourpre pour se couvrir de feuilles, le jasmin et l'églantine étaient en pleine floraison. Dans les jardins, de chétives roses thé, qu'en Angleterre on eût arrachées d'un geste moqueur pour les brûler sur un feu d'herbes, étaient en fleur depuis plusieurs semaines ; mais c'est seulement après avoir vu l'exubérance des rosiers sauvages que l'on comprend pourquoi les roses persanes sont si renommées. Des buissons énormes, touffus, qui n'ont pas cet aspect échevelé de l'églantier anglais, et puis une multitude de fleurs couleur feu ; sur le sol, un tapis de pétales – telle est l'impression première –, et puis, à y regarder de plus près, on découvre la jolie forme de la fleur elle-même, la forme pure de l'églantine primitive, si parfaite dans sa simplicité que les volutes de nos variétés hybrides, en dépit de leur suprême beauté, ne la surpasseront jamais ; et, associée à cette ligne naturelle primitive, une teinte que nous n'arrivons pas à produire malgré tous nos croisements : l'intérieur du pétale est rouge, mais bordé d'or, les deux tons réunis donnant un flamboiement orangé, un buisson ardent. Juste à côté de ces rosiers poussait la rose jaune (qui me rappelait immanquablement la rose de Qom), le jasmin aux touffes basses, et l'acacia dont les plumets embaumaient l'air ; là encore, le bref printemps tirait le meilleur profit du temps qui lui était imparti. Je ne doutais pas que la terre fût prête à produire tout d'un coup d'autres richesses cachées, car j'avais maintenant appris à me méfier de l'avis d'autrui et à ne pas prêter attention aux propos détracteurs, m'étant vite aperçue que ceux qui trouvaient qu'il n'y avait « rien à voir » étaient ceux qui ne savaient pas regarder ; mais je n'aurais pas le loisir de me livrer à ce pharisaïsme, car le moment était venu pour moi de retourner en Angleterre.

Déjà planait sur la Perse la promesse de l'été ; les platanes s'étaient couverts d'un feuillage épais et, dans le jardin, on entendait l'eau bruire plus régulièrement car – une jambe de pantalon relevée jusqu'à la cuisse, selon une mode que je ne me suis jamais bien expliquée – les jardiniers relâchaient l'eau retenue et la laissaient se déverser sur les plates-bandes assoiffées, ou bien, au petit matin, nu-pieds, à pas de loup, ils aspergeaient le sol pour fixer la poussière. Nous ne recherchions plus le soleil ; au contraire nous maintenions la maison dans l'obscurité toute la journée grâce à des stores en jonc que nous ne relevions que le soir, à l'heure où les neiges du Demavend s'empourpraient ; la nuit tombait alors rapidement, les petites chouettes se mettaient à ululer, les grenouilles sautillaient dans l'allée du jardin, et la brise se levait en soupirant dans les platanes. J'étais tenaillée par l'imminence du départ ; je disais déjà : « À cette heure-ci la semaine prochaine... », et je souffrais d'entendre les gens autour de moi faire des projets pour une date, proche, où je ne serais plus là ; impitoyablement, ils faisaient leurs projets, et leur vie continuait, inchangée ; et moi j'écoutais, comme une condamnée à mort ; les journées se précipitèrent, puis arriva le jour – un jour ordinaire pour les autres – où, pour moi, tout changeait. Départ matinal, si semblable au départ pour Ispahan, et pourtant si différent ; l'auto à la porte ; on sort les bagages ; les rideaux sont encore tirés dans les autres maisons, dont les habitants endormis ne s'éveilleront que trois heures plus tard, alors que je serai, moi, à cent kilomètres de là ; tout s'anime avec le jour ; le poney blanc fait sa ronde avec ses barils d'eau ; de la fraîcheur partout ; les chiens veulent me suivre mais on les retient ; les domestiques me souhaitent bon voyage et m'apportent de petits cadeaux ; le gros cuisinier sort en pantoufles blanches avec un panier rempli de petits gâteaux. À l'étage, ma chambre est vide, sauf mes livres, restés sur les étagères ; mon écriture, inversée, est encore visible sur le buvard ; au revoir, au revoir ; pour l'amour du ciel, finissons-en. Le salut du garde, à l'entrée de la résidence, et puis les rues, la porte de Qazvin, la route de Qazvin ; quelle différence entre l'arrivée et le départ ! À l'arrivée, tout était nouveau, je regardais tout avec curiosité, il avait même fallu me montrer le Demavend et m'en dire le nom, je ne savais jamais à quoi m'attendre à chaque détour du chemin ; mais à présent, chaque chose était un repère que je laissais derrière moi, chaque lieu signifiait et évoquait quelque chose ; ici, c'était la boutique où nous avions acheté des poteries, là, le lieu de rassemblement pour le rallye-paper, et là, la piste qui menait à Var-dar-Var, où pour la première fois nous avions vu des amandiers sauvages en fleur, et où nous avions marqué d'un rond de pierres un buisson d'une espèce inconnue. On voyait toujours des ânes sillonner la route, mais les chameaux étaient peu nombreux car ils étaient montés au Gilan en pâture de printemps ; j'enviais tous les gens que je croisais et qui allaient dans la direction de Téhéran ; quant à ceux que je dépassais et qui allaient en direction de Qazvin, je les plaignais d'avoir à subir le même sort que moi.

Après Qazvin, la route m'était inconnue, et le paysage changea de caractère avec une soudaineté étonnante. Nous n'étions plus sur le toit de la Perse ; c'en était fini des hauts plateaux arides ; la végétation devint luxuriante et verdoyante, le climat changea, on passait de l'air limpide des hauteurs à l'atmosphère douce et humide d'une région tropicale au niveau de la mer. Nous étions descendus de plus de douze cents mètres en quelques heures par une route très raide pour entrer dans la vallée du Fleuve Blanc. Le site était beau à sa manière ; des bouquets d'arbres accrochés aux pentes abruptes descendaient jusqu'aux rives du fleuve, et entre les arbres on voyait de vertes prairies, aussi vertes que dans le Devonshire : des vaches y paissaient tranquillement, des vaches ou – bizarrement – des chameaux, des chameaux qui paissaient dans ce paysage du Devon – imaginez trouver un troupeau de chameaux dans les prairies du Dartmoor ; la vallée du Fleuve Blanc avait son charme, mais pour moi ce n'était pas la Perse, et je décidai que jamais je n'amènerais quelqu'un en Perse pour la première fois par cette route-là, préférant faire subir à mes voyageurs les rigueurs des hautes plaines et des cols de Kermanshah et de Hamadan. Le soir tomba ; nous avions l'impression d'un voyage interminable ; les virages continuels en épingle à cheveux rendaient la conduite très fatigante ; nous rencontrâmes des files de chariots couverts, que leurs malheureux attelages arrivaient à peine à tirer dans la côte ; les hommes criaient, tiraient sur les brides et fouettaient les chevaux chancelants ; les dépassant finalement, nous nous arrêtâmes dans un village au bord du fleuve, où un panneau annonçait l'hôtel Fantasia.

Le nom était bien choisi, car je n'ai jamais vu une bâtisse plus farfelue ; un escalier extérieur, auquel il manquait deux marches, menait à une galerie de bois, et c'est là que nous installâmes nos lits de camp et que nous cherchâmes en vain à dormir en compagnie des puces. Ni à Dalidjan ni à Qom, nous n'avions eu de puces ; les pièces étaient vides et propres ; cela marquait bien la différence entre ces deux voyages : autant l'un avait été heureux, autant l'autre était lamentable. Là-bas, nous nous étions endormis en sachant que nous avions tous ces vastes espaces autour de nous ; ici, nous étions dans une étroite vallée où les flots bruns du fleuve grondaient à cinquante mètres de nous, et nous ne nous sentions pas en Asie. Le lendemain, la route nous mena plus avant dans le Gilan fertile, des marronniers apparurent, des oliviers, et des champs de riz ; c'était un pays plat, les pousses de riz étaient d'un vert si éclatant qu'il échappe à toute description ; les paysans eux-mêmes avaient une démarche particulière, car depuis l'enfance ils portaient des paniers accrochés aux deux bouts d'une longue perche en équilibre sur leurs épaules, et ils devaient parcourir avec précaution les étroites levées de terre séparant les rizières, particularité que chante la poésie locale ; au-dessus des champs inondés se dressaient de petits abris sur pilotis de style chinois, dans lesquels, la nuit, les paysans montaient la garde contre les sangliers ; les maisons n'étaient plus en pisé mais en brique, avec des toits de tuiles ou de chaume qui rappelaient les cottages du Hampshire ; qu'était devenue ma Perse à moi ? J'imaginais quel effet pourrait faire cette route à qui la prendrait en sens inverse ; j'imaginais le voyageur qui, suivant le cours de la vallée, ne cesserait de s'élever, au lieu de descendre sans cesse, et, se trouvant soudain sur les hauts plateaux, aurait brusquement la révélation de leur beauté grandiose. Mais nous arrivâmes à Resht, ville d'un brun rouge qui n'avait rien de commun avec les villages brûlés de soleil que j'avais connus, et nous passâmes notre chemin sans regrets ; le lendemain, je m'aperçus que j'étais sur la Caspienne, et que les montagnes qui disparaissaient dans le lointain étaient la dernière vision que j'aurais de la Perse.

Puis, petit à petit, tout ce qui me reliait encore à la Perse commença à se défaire ; je perdis la direction de Téhéran, ma montre n'était plus à l'heure de Téhéran, j'avais épuisé mes cigarettes persanes et je les remplaçai par des cigarettes russes. Ce sont des petites choses comme celles-là qui me firent prendre conscience de la rupture. Puis le brouillard tomba, cachant la ligne de l'Alborz ; le petit vapeur traversa la mer au son lugubre de sa corne de brume, et le jour se leva sur la côte russe.

2

Je m'étais préparée à l'idée d'entrer dans une atmosphère d'austérité et de peur ; tous mes sens étaient en éveil, prêts à cette impression ; mais je n'ai rien ressenti de tel à Bakou. Les Russes du Sud sont peut-être plus gais de tempérament que ceux du Nord, car assurément les citoyens de Bakou ont eu leur part de difficultés, à la fois dans leur propre ville et dans les provinces avoisinantes du Caucase – la veille, m'informa-t-on, vingt-cinq personnes avaient été fusillées à Bakou même –, pourtant on entendait chanter dans les rues, les gens riaient et semblaient joyeux, ils étaient vêtus de couleurs vives, ils faisaient l'amour sur les bancs dans le jardin public. La rareté des trains m'obligea à passer deux jours à Bakou ; l'hôtel était agréable, la nourriture excellente, le caviar frais et abondant, les domestiques de l'hôtel polis et serviables. Je m'attendais à me faire bousculer sur les trottoirs et pousser sur la chaussée ; mais pas du tout. J'étais presque déçue. Était-ce là la Russie bolchevique ? Rien ne me signalait dans quel pays je me trouvais, à part les panneaux écrits en russe, les hommes en chemise ceinturée, et les cochers en paletot bleu matelassé, assis derrière l'attelage de leurs chevaux. Ce qui frappait au premier abord, après la Perse, c'était l'air de prospérité générale ; c'était extraordinaire de voir des maisons de pierre, des rues pavées, des tramways électriques, et ces gros chevaux bien nourris à la croupe rebondie ; encore que cela eût sans doute été moins saisissant pour qui, voyageant en sens inverse, serait arrivé d'Europe. La première fois que je pus noter une différence, ce fut à la gare de Bakou, où nous arrivâmes (nous, c'est-à-dire des amis persans que, par chance, j'avais rencontrés, et moi-même) avec nos billets et nos papiers bien en règle, pour nous entendre dire qu'on ne pouvait pas réserver de places à l'avance. Le train venait de Tiflis ; il était toujours bondé ; il y avait peu de chance de trouver de la place. Il y aurait un autre train dans quatre jours... Heureusement, mes amis parlaient le russe, sinon je serais peut-être encore à Bakou. On appela le consulat général de Perse par téléphone ; un employé promit qu'on ferait l'impossible ; entre-temps, on nous installa avec nos bagages dans ce qui avait été la salle d'attente impériale et qui était désormais décorée d'agrandissements de photos de Tchitchérine et de Litvinov, et d'un buste de Lénine drapé de rouge et de noir. Dans cette salle d'attente (qu'on s'était efforcé de dépouiller de sa splendeur, mais qui, avec le luxe d'une entrée particulière et de toilettes attenantes, ne pouvait cacher son origine impériale) diverses personnes se trouvaient rassemblées : des paysannes avec leurs baluchons, et un petit bonhomme minable blotti sur un divan, qui, à en croire certains, avait été mis là pour écouter notre conversation. Pour la première fois, nous baissâmes le ton en prenant garde à ce que nous disions – sensation désagréable, mais qui allait devenir coutumière. Bientôt le train entra en gare ; nous commençâmes à nous mettre en branle ; un employé vint nous dire avec un clin d'œil qu'on nous

« dégageait » un wagon – bel euphémisme, en réalité, qui signifiait qu'on en chassait les occupants pour nous donner leur place –, une fois de plus, ce n'était pas l'idée que je m'étais faite de la Russie bolchevique.

La plupart des gens s'imaginent qu'il est presque impossible de voyager en Russie à l'heure actuelle ; ils savent vaguement que l'on ne parle plus de « première » et de « deuxième » classe, mais de la classe « douce » et de la classe « dure » ; ils s'en effraient, sans prendre le temps de réfléchir que cela revient exactement au même. Qu'ils me permettent de les assurer que les trains russes sont tout aussi confortables que les trains européens ; plus confortables en fait, car ils vont très lentement et l'écartement des voies est plus large. Pour quelques roubles, on peut louer des oreillers, des couvertures et des draps parfaitement propres et fournis dans un sac scellé. Pour la toilette, on vous donne une serviette, mais pas d'eau. L'absence d'eau est compensée par le fait que, généralement, les trains marchent au bois, ce qui vous épargne cette crasse particulière aux trains roulant au charbon. Il n'y a vraiment rien à redire. Mais pour une raison que j'ignore – liée peut-être au problème des commissions prélevées sur la vente de billets –, si vous allez dans une agence de voyages à Londres pour demander un billet pour Téhéran via Moscou, on n'aura à vous offrir qu'un sourire compatissant et le mot « impossible ».

Il n'y a rien de plus à dire en faveur du voyage de Bakou à Moscou, car il est extrêmement monotone ; le Caucase, la mer d'Azov, Rostov-sur-le-Don – des noms qui semblaient très prometteurs –, mais l'illusion disparut bien vite : le Caucase se réduisait à quelques contreforts montagneux, la mer d'Azov n'était guère différente d'une autre mer, et de Rostov on ne voyait que la gare, qui n'était pas même rehaussée par la présence d'un Cosaque du Don. Après Rostov commence la steppe et « le long ennui de la plaine » ; très différente des plaines de Perse, elle se déroule jusqu'à l'horizon en vagues verdoyantes, sans l'aridité qui la rendrait imposante, et pas assez luxuriante pour être belle, parsemée de pauvres villages de Cosaques, peuplée de paysans mornes. Triste région. Ensuite nous traversâmes l'Ukraine qui me fit un effet déprimant en dépit de la richesse de sa terre noire, car je me souvenais du séjour que j'y avais fait avant la guerre, fastueusement reçue par des amis polonais, passant mon temps à monter à cheval, à danser et à rire ; vivant à un rythme extraordinaire dans cette extraordinaire oasis de folles richesses et de féodalisme, dix mille chevaux dans le domaine, quatre-vingts chevaux de chasse anglais, une meute de chiens anglais ; un parc plein de dromadaires, un autre parc, entouré de murs, rempli de bêtes sauvages, et qui faisait office de réserve de chasse ; du Tokay de 1750, servi par un géant ; des cigarettes offertes par des nains en livrées du XVIIIe siècle ; où était tout cela à présent ? Disparu, comme c'était justice ; la demeure rasée au sol, jusqu'à la rendre plus basse que les masures misérables des paysans, le domaine morcelé, coupé en deux par la nouvelle frontière polonaise, le propriétaire défunt, s'étant fait sauter la cervelle après avoir perdu son dernier sou au jeu à Paris. Je ne m'étais pas rendu compte que nous passerions si près de là.

3

Le troisième jour nous arrivâmes à Moscou. Je ne sais pas bien en quels termes parler de Moscou ; je n'ai rien d'autre à dire que ce que d'autres en ont déjà dit, qui y ont fait un séjour plus long dans une situation plus privilégiée que moi, sans pour autant avoir réussi à en donner une définition quelconque. Je suis restée très peu de temps à Moscou, j'ai parlé à très peu de Russes ; mais j'ai senti que si j'étais condamnée à y vivre longtemps je deviendrais folle. Je ne saurais dire exactement d'où me venait cette impression ; pas d'une idée préconçue, je ne pense pas, sinon j'aurais ressenti la même chose à Bakou ; de plus, au moment de mon arrivée à Moscou, j'avais tendance à faire fi des témoignages que j'avais entendus sur « l'atmosphère déprimante de la Russie ». C'est une idée fixe, m'étais-je dit à Bakou, que cette atmosphère déprimante ; les gens la ressentent parce qu'ils s'y croient obligés, mais elle n'apparaît nulle part. Ce qui était encore plus alarmant, c'est qu'elle n'apparaissait pas vraiment non plus à Moscou ; mais quand vous entrez dans une pièce où deux personnes viennent de se faire une scène, vous avez tout de suite conscience de l'atmosphère qui y règne, même si ces personnes se dominent en votre présence ; c'était le même phénomène à Moscou. Il ne se passait rien de visible, et pourtant l'atmosphère était lourde ; et cette impression était corroborée par de menues indications. Au dîner, les gens jetaient des coups d'œil par-dessus leur épaule pour voir si les domestiques écoutaient ; et les conversations devenaient plus libres une fois que les domestiques avaient quitté la pièce ; on donnait des dîners, certes, mais à leur arrivée, les invités avaient un peu l'air d'avoir échappé à un fauve dans la rue. Néanmoins, ce qui me confirmait dans mon impression, ce n'était pas tant ces petites choses vues dans les demeures privées, ni les confidences furtives faites par un autre invité à l'inconnue que j'étais – des histoires de fausse monnaie qu'on vous glissait dans les poches afin d'avoir un bon prétexte pour vous arrêter – que ma propre intuition et l'aspect de la ville. Je sais que l'intuition n'est pas un bon argument ; je sais qu'il est présomptueux de vouloir aborder le problème russe, même de loin, sans une connaissance économique, politique et historique de tous les faits ; mais alors, que devient le voyageur de Kinglake qui parle de toute chose non pas d'après la connaissance qu'il en a (ou n'en a pas), mais d'après l'impression qu'elle lui fait ? Autant que je sache, il est sans doute vrai que le peuple russe est animé d'un grand enthousiasme ; mais, si Moscou est une ville enthousiaste, alors qu'on me permette d'aller vivre ailleurs, c'est tout ce que je puis dire. J'avais l'impression d'une population qui rasait furtivement les murs ; d'un peuple qui se dérobait ; d'une nation dont on avait nivelé les aspirations, comme on taille une haie. Il y avait de la mendicité, c'était l'abîme dans lequel on risquait de sombrer ; par contre, après un tel nivellement, on ne voyait pas à quels sommets on aurait pu prétendre. Et pourtant, encore une fois, je ne sais pas. Il est possible que le jugement soit faussé au départ car on applique instinctivement les critères ordinaires d'Europe occidentale à ce pays qui a rejeté la notion occidentale dominante – celle de la Richesse comme but suprême de l'existence – sans pourtant avoir atteint la paix et la liberté qui permettraient aux nouveaux idéaux de se développer. C'est-à-dire que l'air de pauvreté générale de Moscou – le fait que personne ne soit mieux vêtu que son voisin – est sans doute en grande partie, en très grande partie, responsable de nos conclusions hâtives. Nous ne sommes que trop habitués à associer la prospérité matérielle au bonheur spirituel. De sorte que nous manquons de patience, nous qui avons grandi dans un pays où le changement, si rapide qu'il nous paraisse, se fait en réalité à une allure de tortue en comparaison de ces bouleversements volcaniques ; nous n'avons pas assez de patience, nous ne supportons pas assez le désordre, même provisoire, pour admettre le stade douloureux et difficile de la transition ; nous aimons les choses bien installées, les choses établies ; nous ne voulons pas voir que la liberté individuelle, que nous exigeons comme un droit, et à laquelle nous ne supportons pas que l'on porte atteinte, ne peut pas encore exister sous un régime jeune, dangereux, précaire, qui s'accroche à l'existence. Le communisme lutte pour la vie, il est sans scrupule, brutal, criminel ; il nous oblige à dire que les Russes sont passés d'une tyrannie à une autre ; mais, si violente que puisse être notre condamnation, nous ne pouvons pas dire que, *dans ses objectifs*, il soit immoral. Si l'on regarde les choses d'En-Haut, quelle rédemption peut-on souhaiter pour le monde si ce n'est d'échapper au matérialisme ? Et c'est précisément ce que la Russie soviétique voudrait imposer. C'est peut-être un idéal impossible. Imposer cet idéal conduit à la barbarie, aux persécutions, à la pauvreté, à la délation et à cette pratique discutable qui consiste à s'immiscer secrètement dans les affaires des autres pays ; mais tout cela ne change rien à l'idée, saine, qui est à l'origine du système. Les difficultés pratiques s'avéreront peut-être trop grandes, les instincts mercenaires et prédateurs de la nature humaine trop forts ; car, comme cette autre grande idée qu'est une société des nations, le communisme a pour adversaire la nature humaine. Pour en triompher, diraient les Soviets en guise de justification, il faut écraser la nature humaine, la contraindre à l'obéissance ; il faut la changer bon gré mal gré ; il faut la faire renaître. Guère étonnant qu'un peuple qui subit un tel régime de contrainte rase les murs de sa capitale comme un peuple de malfaiteurs, craignant que ne s'abatte la main de la justice. On se soumet, et on a la vie ; on refuse de se soumettre, et c'est la mort.

4

Ce fut pour moi un curieux voyage de retour, que j'entamai la mort dans l'âme, mais qui fut ensuite du plus grand intérêt, et qui se termina dans la farce pure. Car lorsque le train atteignit la frontière polonaise, à l'aube, après une nuit passée en classe « dure » avec trois Russes que nous ne connaissions pas – nuit pendant laquelle je révisai mes idées sur les voyages en Russie – et où tout le monde soupirait de soulagement en s'écriant : « Dieu merci, nous voici revenus en Europe civilisée », nous fûmes accueillis par une tout autre nouvelle. La révolution en Pologne ; Varsovie aux mains des rebelles ; les fils télégraphiques coupés ; la ligne avait sauté ; aucun train ne pouvait aller jusqu'à Varsovie. Les passagers effarés s'attroupèrent autour des employés flegmatiques dans la baraque de la douane. Non, ils ne pouvaient rien nous dire de plus ; le train irait aussi loin qu'il le pourrait, peut-être jusqu'à une trentaine ou une vingtaine de kilomètres de Varsovie ; et là, on nous ferait descendre et nous devrions nous débrouiller ; on tuait les gens dans les rues de Varsovie ; combien de morts ? peut-être trois cents, peut-être trois mille ; qui pouvait le dire ? Aucune nouvelle ne passait. Que nous conseillaient-ils ? De continuer ? Ils haussèrent les épaules, ils n'avaient pas de conseils à donner ; si nous voulions prendre le risque... Je n'avais pas peur de me faire tuer, la chose dont j'avais peur c'était d'être retenue là indéfiniment. Un certain nombre d'Allemands, de Russes et d'Autrichiens, qui avaient peur de la même chose, se dégagèrent finalement de la foule babillarde des voyageurs pour former un petit groupe à part, comme cela arrive entre gens d'intérêts et d'opinions identiques, même dans les communautés les plus réduites et les plus récemment constituées. Je me retrouvais avec huit ou neuf hommes d'âge moyen, à la tête ronde, qui, dans l'ensemble, avaient une allure de voyageurs de commerce, et avec une jeune femme blonde, très blonde, une Autrichienne, qui voyageait en compagnie de l'un d'entre eux – on devinait aisément à quel titre. On se procura un horaire quelque part ; en supposant qu'il était encore valable pour les parties du pays que les troubles n'affectaient pas, nous calculâmes que nous devions pouvoir atteindre la frontière allemande le soir même. Les Allemands n'avaient qu'une idée en tête, c'était de dormir dans leur pays ce soir-là.

Étant donné les rumeurs qui circulaient – la Pologne entière serait aux mains de l'armée dans les vingt-quatre heures, les voies ferrées et les ponts allaient être détruits, les communications avec le reste de l'Europe interrompues –, je ne pouvais guère leur en vouloir ; en fait je partageais leur détermination. La difficulté, pour moi, c'était que je n'avais pas d'argent. J'avais mon billet pour Londres, et juste assez d'argent liquide pour me nourrir pendant le voyage : comment aurais-je pu acheter d'autres billets, même en acceptant de voyager « à la dure » ? Un autre voyageur me vint en aide. C'était un petit bonhomme de piètre allure, vêtu d'un costume de confection, les cheveux *en brosse*[1], mais il sortit de son portefeuille des liasses de billets américains qu'il me fourra dans les mains. Pour une fois mes étiquettes orange m'avaient servi à quelque chose. Dans le restaurant de la gare polonaise, elles pendaient de mes bagages, froissées, défigurées, mais on y lisait encore : PERSE. Hélas, la Perse était bien loin ; il y avait douze jours que je voyageais ; cela semblait passablement absurde d'avoir quitté l'Asie pour arriver en Europe en pleine révolution. Pourtant, j'étais plus amusée qu'ennuyée ; amusée de me trouver en compagnie de ces individus, de ces étrangers, qui avaient désormais partie liée les uns avec les autres parce qu'ils se trouvaient tous ensemble dans la même fâcheuse situation, avec cette inconnue qu'était l'histoire privée de chacun d'entre nous. Herr Müller, Herr Rosendorf ; peu à peu, je retenais leurs noms.

Le train nous amena jusqu'à Bialystok ; là, on nous

1. En français dans le texte. (*N.d.T.*)

laissa sur le quai, indécis ; quelqu'un suggéra de prendre une voiture, quelqu'un d'autre un avion ; mais le problème fut résolu par l'arrivée d'un petit train local, qui nous rapprocherait toujours un peu. C'est ainsi que nous progressâmes toute la journée à une allure paisible, nous traînant tout doucement dans l'arrière-pays, sans voir aucun signe de révolution en dehors de quelques troupes stationnées autour de gares de campagne, et de quelques sentinelles postées près des ponts et des cabines d'aiguillage. Il faisait doux, et le blé poussait ; les fermes et les domaines paraissaient prospères et ressemblaient assez à des fermes anglaises ; c'était un plaisir de retrouver le printemps, après la Russie où le printemps n'avait pas commencé, et de jouir ainsi du spectacle inattendu de la Pologne rurale, au lieu de s'en tenir aux sentiers battus. C'était un paysage vallonné, avec des bouquets de sapins sombres à l'horizon, des routes bien entretenues, des barrières peintes en blanc ; après la Perse et la Russie, je me sentais vraiment revenue en Europe. À huit heures du soir, après ce voyage tranquille et sans incident, nous arrivâmes à une petite ville-frontière – Grajewo. Nous fûmes à nouveau obligés de descendre sur le quai et d'entrer dans la baraque de la douane, cela pour apprendre que le train n'irait pas plus loin. Et le lendemain ? Ah, le lendemain, nous dirent les Polonais, il n'y aurait sans doute pas de trains du tout le lendemain. Mes Allemands étaient consternés. Dormir sur le sol polonais, il n'en était pas question. Y avait-il des voitures ? Oui, il y avait une voiture à Grajewo, mais elle était en panne. Mais il y avait une locomotive sur la voie de garage ; ne pouvions-nous pas en disposer ? Eh bien, dirent les

Polonais d'un air hésitant, peut-être, mais pas avant une heure du matin, pas avant que tout soit calme et que tout le monde soit parti se coucher. Après nous être consultés un moment, nous retînmes cette proposition. Il nous restait à passer le temps entre huit heures et une heure du matin.

Dans un village polonais, il n'y a pas grand-chose à faire. Nous sortîmes dans la rue, les Allemands en bande joyeuse, bras dessus bras dessous, chantant des chansons de potaches, car ils avaient maintenant la perspective d'une issue possible ; mais bien évidemment, nous ne pouvions pas passer la moitié de la nuit à arpenter la rue, même par une nuit si douce, à la simple lueur des étoiles. Je me demandais ce que diraient mes amis en Angleterre si, par quelque miracle, ils pouvaient me voir, alors qu'ils me croyaient en train de filer à travers l'Europe, confortablement endormie dans un *wagon-lit*[1]. Car on est peu ému par les révolutions en Pologne à la lecture des titres du journal du matin, mais quand on les rencontre sur sa route, on est entraîné, comme j'étais en train d'en faire l'expérience, dans de curieuses situations.

Nach Frankreich zogen zwei Grenadier',
Die waren in Russland gefangen,

chantait l'Autrichienne blonde avec une voix chaude de contralto, en posant sa tête dorée sur l'épaule de son compagnon. Tout le monde était joyeux et de fort bonne humeur. Puis quelqu'un avisa un café où il y avait de la

1. En français dans le texte. (*N.d.T.*)

lumière ; nous y entrâmes bruyamment et on nous installa autour d'une table dans une petite salle ; dans un coin, il y avait un piano droit, et aux murs, des lithographies en couleur de *L'Angélus* de Millet et d'un traîneau russe poursuivi par des loups. Dans la salle voisine, des officiers polonais qui buvaient, assis à de petites tables, nous épièrent avec curiosité, et il y avait de quoi. Herr Rosendorf commanda du vin ; il commanda aussi de la vodka ; on apporta les deux, ainsi que des œufs au lard, et on nous mit la table en un clin d'œil. Le niveau de la vodka baissa dans la bouteille ; le ton monta. On parlait allemand, russe et anglais tout à la fois, et il y eut même quelques mots de japonais prononcés par quelqu'un qui revenait du Japon. Chacun donnait des petits bouts d'information sur lui-même en criant à tue-tête. Mon homologue se pencha au-dessus de la table pour m'annoncer d'une voix de stentor : « J'ai fait cent cinquante mille kilomètres en Manchourie pour les machines à coudre Singer. » « Dites-nous quelque chose en persan », réclamèrent-ils, et je récitai un vers d'Hafiz. Ces messieurs d'âge moyen à la tête ronde retombèrent en enfance ; ils tapaient même sur la table avec des cuillers. Alors, un des officiers polonais, qui ne supportait plus d'être seul à sa table, s'installa au piano et se mit à jouer *Le Beau Danube bleu*. L'Autrichienne blonde se leva d'un bond et se mit à danser. Il y eut entre les hommes une joute de plaisanteries canailles pour savoir qui danserait avec elle, puis ils se bousculèrent et se donnèrent des coups dans les côtes : il y eut des chaises renversées ; quelqu'un fit un discours ; on acheta des cartes postales que l'on fit passer pour que tout le monde les signe.

Désormais, ils étaient tous réellement ivres. L'Autrichienne blonde repoussa son danseur, revint à sa place, se mit la tête dans les bras et commença à pleurer. Son compagnon lui caressa les cheveux, arborant un sourire satisfait. Elle se blottit dans ses bras comme un chaton et s'endormit.

Elle se réveilla pourtant dès que nous commençâmes à partir, elle sortit un petit miroir, s'arrangea le visage, peigna ses cheveux courts et dorés, et, avec une moue coquette, se laissa escorter dans la rue. À la gare, notre locomotive était là, assortie d'un tender, crachant des nuages rouges dans la nuit ; nous montâmes à bord au milieu des plaisanteries et des rires, que les employés du chemin de fer essayaient d'étouffer, tout en jetant autour d'eux des coups d'œil angoissés et coupables. Quand la locomotive démarra sur la voie dans le noir, rien ne put les retenir : ils se mirent à chanter *Deutschland über Alles* ; ils se souvinrent de ma présence, s'arrêtèrent, espérant, dirent-ils, que ça n'ennuyait pas l'Angleterre ; alors il fallut bien que l'Angleterre se mît à chanter avec eux. C'est ainsi que nous entrâmes en Allemagne.

5

Je ne sais plus comment s'appelle ce village allemand ; je me souviens seulement que j'ai dormi trois heures dans une chambre proprette où il y avait un lit de fer et une cuvette émaillée bleue, et qu'à six heures le lendemain matin, nous étions tous de nouveau dans un train. Cette journée-là s'écoula dans un brouillard : Königsberg, où nous attendîmes longtemps, en buvant du café dans des tasses épaisses et en regardant les photos des événements de Varsovie dans les journaux allemands ; puis un autre train ; le couloir de Dantzig ; la Prusse-Orientale ; Berlin. L'adieu à mes compagnons qui allaient se disperser pour rejoindre leur destination. Berlin, modèle d'efficacité ; ses taxis rapides, à rayures blanches et noires, comme un carton à chapeaux ; les rues éclairées ; l'asphalte brillant ; le Kaiserhof. J'étais toute salie par le voyage, et fatiguée ; les serveurs du Kaiserhof me regardaient avec une méfiance polie ; je me vengeai d'eux en faisant appeler le maître d'hôtel, en commandant le meilleur dîner et le vin le plus cher, et en distribuant des pourboires énormes avec ma liasse de billets américains. Comme je n'avais pas pris un vrai repas depuis que j'avais quitté Moscou, je me donnai beaucoup de peine pour la commande de ce dîner. Je craignais d'avoir à passer la nuit à Berlin, mais je découvris un train qui partait pour Flushing à dix heures ; le lendemain matin, j'étais en Hollande. À la frontière hollandaise, le douanier me fit une demande en mariage. Et puis tout s'accéléra. Étais-je bien en mer ? – une mer mauvaise, d'ailleurs ; de belles vagues vertes à la crête blanche. Était-ce bien Folkestone ? Étaient-ce des voix anglaises que j'entendais autour de moi ? Était-ce Yew Tree Cottage et le sentier à travers champs ? Les deux pistons d'Orpington, toujours en train de monter et de descendre, et toujours un peu décalés ? Étais-je sur le quai de la gare de Victoria, moi qui avais connu de si nombreux quais de gare ? Dans la lumière aveuglante des lampadaires électriques, je voyais pendre mes étiquettes orange avec ce mot : PERSE. PERSE.

TABLE

ACHEVÉ D'IMPRIMER SUR LES PRESSES
DE COX & WYMAN LTD. (ANGLETERRE)

N° d'édition : 2583
Dépôt légal : septembre 1995
Imprimé en Angleterre